DIALOGUES & CONVERSATIONS DE FACEBOOK

TOME 2

Expériences d'un Réseau Social

Hervé Fanini-Lemoine

Dialogues & Conversations de Facebook : Conversations entre amis autour de la Culture, de l'Histoire et de l'actualité d'Haïti.

DIALOGUES & CONVERSATIONS
de FACEBOOK
TOME 2

Dialogues & Conversations de Facebook (III) :
Conversations entre amis autour de la Culture, de l'Histoire et de l'actualité d'Haiti.

kiskeyapublishingco@gmail.com

Dialogues & Conversations de Facebook, Tome 2

ISBN-13: 978-1466397682
ISBN-10: 1466397683

« Facebook est en effet une grande arène ouverte, un forum d'idées qui s'entrechoqueront forcément. Pour les libres-penseurs comme moi, familiers avec les controverses, et chasseurs de tabous, Facebook offre une opportunité unique pour confronter mes points de vue et me mettre à l'écoute d'autres. Toutefois, lorsque les susceptibilités sont à fleur de peau, que l'objectivité est supplantée par la subjectivité et que les procès d'intention et l'intolérance règnent en maitre, tout ceci peut constituer des exercices en futilité, des dialogues de sourds, aboutissant à des discussions oiseuses et même à des inimitiés ». ***Paul Jeremie***

Dédié à tous mes amis et aux amis d'Haïti !

TABLE DES MATIÈRES

Prélude

« Dialogues et Conversations de Facebook » entame chaleureusement un deuxième épisode qui sans aucun doute reflète les pensées et interactions de nos amis interlocuteurs, internautes. Devenu une plateforme de communication d'envergure, un agenda social médiatique, Facebook nous offre l'opportunité de maintenir des rapports de convivialité, d'amitié, de solidarité humaine et patriotique.

À l'instar d'une table ronde informatisée, à l'instar d'un forum culturel, les idées sont émises et les commentaires s'ensuivent. Nonobstant le fait que l'individualité soit inhérente à la divergence d'opinions, le pluralisme idéologique et la pensée dogmatique rendent les échanges diversifiés et gratifiants. Principes, convictions, impressions, points de vue sont fort souvent la force motrice qui aiguillonne et qui anime l'intérêt de participation. La passion fort souvent émerge, mais aussi bien le pragmatisme des pensées de référence.

Les participants utilisent le non verbal, ce qui facilite grandement l'ordre des échanges, atténue les incidences du langage corporel, annule l'effervescence imputable au vocal, mais l'impression de projection de voix bruyantes, demeure lorsque les réponses écrites sont rugueuses. Une atmosphère un peu tumultueuse à cerner. Le consensus est parfois difficile à obtenir, et pour cause. Mais le sentiment de respect, de camaraderie et de fraternité, revient toujours dulcifier de modération, la fougue des débats.

Nous avons voulu, encore une fois, réunir dans cet ouvrage un compendium de littérature socioculturelle, de l'expérience réseautique de pensées honnêtes, spontanées, articulées autour de sujets diversifiés pour l'agrément des participants et futurs lecteurs. L'aspect confidentialité est une fois de plus maintenu par l'emploi d'initiales ou seulement de prénoms.

Nos remerciements à tous nos participants, à nos amis compatriotes, et aux amis d'Haïti.

Yanick François

FACEBOOK Dialogues & Conversations
Tome 2
Hervé Fanini-Lemoine

Introduction

Je me souviens, dans les années 1990, quand j'étais sur le point d'explorer l'Internet, quelqu'un afficha ce qui suit : « les amis que vous faites en ligne peuvent devenir de meilleurs amis dont vous n'auriez jamais pensé. » Ceci a été tellement vrai que beaucoup d'entre eux sont aujourd'hui mes meilleurs collaborateurs.

Plusieurs, dans le temps, étaient convaincus que l'Internet aurait été une expérience de courte durée jusqu'à ce que Yahoo, AOL et d'autres moteurs de recherche bourgeonnassent pour devenir la nouvelle manière d'obtenir l'information et la connaissance. J'en suis tellement reconnaissante !

Aujourd'hui encore, une nouvelle fois, nous faisons l'expérience d'une nouvelle façon de communiquer avec des amis que nous avions probablement oubliés l'existence.

Il s'agit d'un phénomène nouveau de réseautage social. De « Hi5 » à « My Space », beaucoup se sont connectés avec leurs amis et familles et se partagent de l'information. Mais, cette nouvelle façon de communiquer se faisait plus couramment dans le monde des affaires, jusqu'à ce que Facebook reformate le réseautage en permettant au titulaire de placer des photos qui peuvent être à la vue de tous.

Nous sommes maintenant en train de faire une nouvelle expérience dans le monde du réseautage et de la socialisation. J'appelle cette manifestation le phénomène Facebook !

Je me suis inscrit et ai obtenu un compte Facebook vers la fin de l'année 2009. Moins d'un an plus tard, j'ai accumulé plus de mil huit cents amis dont une centaine participe à un commentaire quelconque que j'affiche à mon Mur. C'est un début ; car beaucoup de mes amis ont déjà atteint la limite de cinq mille prescrite par Facebook.

Inutile à dire, mais pour réaffirmer le contenu de ce livre, la plupart des conversations se dirigent sur Haïti, traitant de sa culture, de son histoire, de sa politique, de sa société, etc., d'une manière d'échanger des informations et de discuter des sujets qui parfois paraissent difficiles pour certains.

De la définition de Quisqueya jusqu'à l'implication de Bill Clinton dans les affaires internes d'Haïti, beaucoup d'opinions et certains faits scientifiques y sont discutés. J'ai limité les conversations à fin que personne ne se sente menacé ou ciblé. Alors, nous ne discutons point le culte de la personnalité, comme la religion, l'orientation sexuelle ou de sujets allant sur cette orientation.

J'espère que vous apprécierez ce livre, comme cela, je peux préparer une prochaine parution, aussitôt que possible. Je ne veux plus vous attarder sur la lecture d'une introduction, mais, de préférence, je vous laisse le temps pour vous imprégner dans la formulation cognitive de la conversation haïtienne.

Alors, voyons ce que disent nos amis !

****

Déjà Publié

FACE À FACE autour de l'Identité Haïtienne – (2009)
FACEBOOK DIALOGUES & CONVERSATIONS I (2010)
FACEBOOK DIALOGUES & CONVERSATIONS II (2011)
FACEBOOK DIALOGUES & CONVERSATIONS III (2001)
FACEBOOK DIALOGUES & CONVERSATIONS – En anglais
FACE À FACE – Édition revue et augmentée (2011)

À paraitre

BANNED FROM HISTORY
LIES & DECEPTIONS

Dialogues & Conversations de FACEBOOK
Tome 2, octobre 2011

Hervé Fanini-Lemoine

« Durant ce parcours laborieux de l'Écriture et de l'Histoire, Hervé fonde en 2008 une organisation distinguée, apparentée à une idéologie qui se veut révolutionnaire, puisqu'il s'agit précisément de la redistribution de la connaissance. « **Kiskeya Foundation »** est l'exemple d'un archétype qui se propose de dissiper les confusions théoriques qui ont été imposées à la mémoire haïtienne »

BIOGRAPHIE

Né en Haïti, Hervé Fanini-Lemoine s'installe au Canada en 1973. Il retourne chez lui en 1979, mais il y reste seulement quelques mois. Il décide alors de vivre plus près de son pays natal en s'installant à Miami, où il se fait un abri temporaire en attendant son retour définitif à La Patrie. Il y vit depuis 1980, les longs jours de trente et une années d'attente, de trente ans d'espoir !

En **1983**, il écrit son premier manuscrit, non publié, intitulé « **La Problématique Haïtienne** ». Il devient un agent en immobilier en 1985 et évolue dans cette profession depuis lors.

En septembre **2009**, Hervé publie son premier **Best-seller** haïtien intitulé « **Face à Face autour de l'Identité Haïtienne** », un ouvrage de référence sur l'histoire et sur la culture haïtienne. En 2011, il en révise le texte pour une lecture un peu plus amicale et bienveillante.

Seulement 13 mois plus tard, en octobre **2010**, Hervé publie une série d'articles basés sur les échanges d'un réseau social d'internautes. « **Dialogues & Conversations de Facebook** » est publié en deux volumes trilingues, français, anglais, créole haïtien ; une version en français, et une en anglais. Ces volumes sont maintenant disponibles sur amazon.com et chez votre libraire.

Hervé ne s'arrête pas là. Comme tout révisionniste de l'histoire, il se sait obligé de clarifier sous un jour nouveau et avec un accent tout différent, l'événement historique de ladite « Découverte d'Amérique de 1492 ». Dans un livre en anglais intitulé « **Banned From History** », il expose, d'un point de vue diachronique et dans une approche évolutive les contingences de cette période. La parution de « **Banned From History** » est prévue pour l'année 2012.

Durant ce parcours laborieux de l'Écriture et de l'Histoire, Hervé fonde en 2008 une organisation distinguée, apparentée à une idéologie qui se veut révolutionnaire, puisqu'il s'agit précisément de la redistribution de la connaissance. « **Kiskeya Foundation** » est l'exemple d'un archétype qui se propose de dissiper les confusions théoriques qui ont été imposées à la mémoire haïtienne.

À la faveur de cette organisation, Hervé eut l'occasion de participer en maintes fois, à des entrevues et colloques sur l'Histoire et sur la Culture Haïtienne.

Le 29 avril **2011**, Hervé est l'un des invités de la prestigieuse Université **YALE** (Yale International Relations Association – Yale University, au Connecticut, E.U. Les discussions ont porté sur les élections, le futur d'Haïti et la

« Reconstruction de la Politique d'Haïti », et autour d'un documentaire — **« AYITI LEVE ».**

Le 26 février 2011, au **Broward College**, en Floride, il est membre d'un panel extraordinaire, traitant de l'histoire de l'Homme Noir des États-Unis d'Amérique – « Black History Month ».

Toujours au mois de février de cette année, Hervé participe à une présentation télévisée à **Barry University** en Floride, intitulée « Community Crossroad », débattant de la politique d'Haïti, quelques réflexions soumises un an après le séisme qui causa tant de dommages au pays.

Au mois de janvier 2011, pour commémorer le souvenir du terrible tremblement de terre du 10 janvier 2010, Hervé présente son livre « **FACE À FACE** » à un public de jeunes de moins de trente ans, pour l'Association **BOUKAN**, « We Still Remember – Nou se Rasin Yo ». Il y introduit une nouvelle définition des noms d'Haïti, Bohio, Kiskeya et d'Ayiti Toma.

En décembre **2010**, Hervé clôture l'année en présentant deux de ses titres au public de Kendall, ville du sud-ouest de Miami. C'était une séance collective de quatre auteurs haïtiens introduits par l'équipe administrative de **pikliz.com**.

Au mois de novembre, il est invité à présenter son livre, « **Face à Face autour de l'Identité Haïtienne »**, à Miramar, lors d'une soirée culturelle, « **Haiti Outloud** » organisée dans le cadre de la promotion littéraire et culturelle de la Communauté haïtienne de la Floride.

Au mois d'octobre, à Margate, Floride, Hervé est l'un des hôtes présentant leurs œuvres littéraires et artistiques, lors de la Célébration intitulée « **Memorables Artistic Gathering** ».

Au mois de juillet, Hervé est l'invité spécial de la chaine de télévision – **NBC6 TV,** Miami, Florida et l'entretien se déroule autour de la problématique haïtienne. Une entrevue réussie, confirmée et illustrée par les innombrables commentaires postés à cette occasion.

Un printemps devenu fructueux, en 2010, par l'invitation du prestigieux Musée de la ville de North Miami, ville métropolitaine de la Floride. **MOCA,** Museum of Contemporary Art, convie Hervé à introduire son livre « Face à Face » au grand public de Miami. Ce fut un succès célébré par les Maires de la Ville de North Miami, Floride, et de celle de Fort Liberté, Haïti.

Au mois de février, toujours en 2010, à **Barry Univesrity**, Florida, Hervé est au nombre de cinq brillants historiens faisant partie d'un célèbre panel, revisitant l'Histoire d'Haïti. Il y présente pour la première fois, son œuvre **« Face à Face autour de l'Identité Haïtienne »** qui ne tarda pas à devenir un illustre titre de la littérature haïtienne.

L M
Tous mes compliments Hervé ! Et nous attendons « Face à Face de l'Identité Haitienne ».

M V
Je suis une de tes Fans, et Bonne Continuation.

R S F G
Toutes mes félicitations Hervé ! Bon travail et bonne continuation.

P P
Hervé est en train de travailler, Félicitations !

Y F
Un parcours jusqu'ici largement étoffé, Hervé. Compliments Bro. Mûrir au gré des forces du savoir véridique est une fortune. Tu as en toi la perspicacité sereine du sage et la passion de l'art et du vécu historique. Que ton chemin puisse continuer à être parsemé de retombées fructueuses !!

P G
J'ai senti venir Banned From History en lisant Face à Face. Il faut s'attendre à de grands remous. Tiens bon Hervé ; la lumière doit jaillir !

A V
« Chaque homme doit construire et poursuivre son chemin. Toutes mes félicitations pour ce partage. Vas-y ! »

C C
Bravo Hervé ; cela a pris du temps, mais finalement on y arrive. Bravo, bravo vieux frère ; tes recherches ont porté des fruits.

F N
Hervé, en un espace relativement court, tu as produit un concentré de ta connaissance de notre histoire et de notre culture. Je te soutiens dans cet important travail de refonte de notre mémoire collective. Compliments !

V J
Merci de nous instruire de notre histoire haïtienne.

A B
Keep up the good work!

N T W
Hervé, tu n'hésites pas à aller fouiller dans les recoins les plus sombres de notre histoire pour nous apporter de la lumière. Tu es parmi l'un des visages emblématiques d'Haïti. Merci mon ami ! Tous mes compliments !

« Par manque de connaissance de l'héritage culturel ancestral, la culture traditionnelle semble disparaitre pour être remplacée par le culte du protestantisme. Il revient à l'Haïtien qui s'y connaît de se prononcer en faveur de cette tradition. Sinon, il est facile de prédire que d'ici quelques années, le Vodou sera une affaire qui se pratique que dans la Diaspora. »

Hervé Fanini-Lemoine

1- AUTOUR DE L'IDENTITÉ HAÏTIENNE

Le Nouvelliste, Haiti –Juin 2011

Félicitations à Hervé fanini-Lemoine qui effectue, actuellement, un fructueux retour au pays !! Il est l'invité de Marie Alice Théard à sa nouvelle émission télévisée « Kikeya, L'île mystérieuse », le 7 juin 2011. Dans le cadre de la diffusion de son ouvrage historique « Face à Face autour de l'Identité Haïtienne », il accorde aussi une brillante entrevue à la Presse haïtienne.

Succès continu à Hervé !

Yanick François

A V

Un grand merci Yanick de partager cette information avec nous. A++ pour Haïti de voir ses fils et ses filles se mettre ensemble pour faire de son histoire un Effet Domino. Let's go to AYITI!

Y F

Nous sommes tous fiers de l'excellent cheminement d'un compatriote Aulida. Nous admirons tous ceux qui portent Ayiti dans leur cœur. Merci aussi à vous tous, chères amies/amis !!

J P L

A priori, comprendre l'identité haïtienne est encore plus important que le fait de lutter contre le sous-développement et les anti-démocraties. Car le deuxième étant tellement lié au premier, cela ne peut être qu'un avorton en partant de cette matrice atrophiée qu'est l'identité haïtienne elle-même. Sa seule pleine compréhension a déjà valeur de développement (durable). Merci à Hervé F. Lemoine.

Paix et amour à Yanick F.

A V

Je l'ai dit souvent : seuls les Haïtiens peuvent comprendre l'identité haïtienne, la diplomatie haïtienne et aussi bien la politique haïtienne.

Depuis plus de 600 ans, sois au début de 1492, les Espagnols, les Français, les Anglais nous ont tous abusés, mais échoués dans leurs tentatives de nous comprendre.

En 1915, les É.U. ont eux aussi échoué faisant de Charlemagne Péralte une icône pour notre génération. Le Japon était ébranlé quand nous avions déclaré la guerre du côté des États-Unis.

Nos parents et grands-parents ont travaillé et travailleront encore pour accompagner les États-Unis d'Amérique dans sa relance économique comme l'avait fait Jean-Baptiste du Sable, le père et Fondateur de la Ville de Chicago, originaire de la Ville de St-Marc dans le Bas-Artibonite.

À vous la parole !

Y F
Je te suis, Jas. La connaissance, le savoir, « la pleine compréhension », l'acceptation de notre identité est indubitablement une ouverture vers notre épanouissement, notre avancement en tant que peuple, en tant que nation ayant une Histoire et une Culture profondément notre. Merci Sista-Love !!

@ Aulida — Tu as concrètement et largement évalué, cependant la pleine compréhension de cette identité est encore disparate et illicite. Il est temps pour nous de savoir qui nous sommes en tant que peuple, d'apprendre à nous affirmer selon nos assises historiques et culturelles et ultimement d'opérer ce sevrage impérieux de ceux qui ne pourront jamais nous « décoder ». Il est temps de nous affranchir de ces présumées bienveillances et poursuivre notre existence dans l'aura de notre identité spécifiquement haïtienne. Nous sommes ultimement un peuple déraciné, implanté, colonisé, notre vérité est-elle une synthèse culturelle ? Au fond, Kolo, seuls les Haïtiens devraient en effet questionner et être en quête de cette identité.

L M
Tous mes compliments, Hervé !

H F-L
Merci à tous et surtout à Marie Alice Théard pour un effort inestimable.

M F P
Congratulation Hervé !

J P L
@ Yanick – Je suis entièrement d'accord avec toi, Sista-Love, et bien sûr, s'il faut que l'on ajoute quelque chose, on dirait que c'est cette synthèse culturelle même, dans

sa pluralité, donc sa complexité, qui tend à rendre cette compréhension si difficile, si problématique.

Nous sommes un être pluriel, c'est un fait, nous sommes la somme de plusieurs je ne sais quoi formant notre mentalité défiant toute concurrence. Parce que nous sommes cet être pluriel, donc complexe, il arrive que même l'Haïtien ne se comprenne pas. Ne lui demandez pas de s'expliquer. Souvent, on n'a aucune sorte d'idée claire de ce que l'on est et de ce qui motive nos agissements comme si nous étions des êtres d'instinct. Ce caractère pluriel, au lieu d'être un hic, devrait être un avantage. Nous serions, disons, complets dans cette pluralité !

L'Haïtien ne peut pas comprendre l'Haïtien, il ne peut ni le prévoir, ni le projeter. On le comprend bien dans les agissements de l'autre, dans ses choix, ses actions, ses omissions, mais le plus grave dans tout cela, c'est la maitrise de nous par l'autre, l'ennemi silencieux, qui pour nous perdre met du soin à nous étudier dans toutes nos coutures.

Ah oui, ils ont du talent en ce sens. Disons mieux qu'ils méritent bien l'esclave que nous sommes demeurés à leur merci et leur fantaisie. Sans la chaine au pied, sans le croc ou cou, ils nous ont menés et domptés et nous ont réduits à notre plus petite dimension et cela, tout simplement, parce qu'ils nous connaissent plus que nous nous connaissons.

Pour justifier la campagne du patriote, peut-être qu'il faille nous rendre à l'évidence que la majorité des problèmes majeurs auxquels nous nous sommes confrontés est issu non point de cette complexité mentale elle-même, mais de sa mauvaise gestion, dirais-je.

Qu'est-ce qui est pris en compte dans ce que nous appelons en attendant qu'il soit bien défini une fois pour toutes, l'identité haïtienne ? L'esclavage, le marronnage, l'hypocrisie, la trahison, la paresse, l'instabilité, la parjure, « depi nan ginen nèg ap trayi nèg » ; la méfiance, la jalousie, l'avidité face au pouvoir, la corruption, à part tout cela, l'on sait qu'il est le dernier des soumis, donc, il faut le dompter pour le rendre impuissant, pour l'affaiblir, le désarmer, le néantiser. Hélas ; c'est presque fait !

Oups! J'ai des commentaires qui ne sont partis par erreur sans être bien alignés, ni corrigés. On n'y comprendra rien. M gen lè te pran Facebook la pou kaye enterliye m. Si gen moun ki gen tan resevwa yo, mwen mande pou yo eskize m e pa teni kont de yo. Se nan bagay jamèdodo sa wi Yanick.

Si w jwenn yo sistaLove, tanpri revoye yo pou mwen nan inbox paske m pedi yon gwo moso. Quel malheur ! Crise identitaire la wi m ap viv la ki fè sa... lol

Y F

Mon Dieu Sista-Love, te voilà partie pour la ronde des vérités ; les cruciales vérités et réalités à mettre sur la sellette. Tu en fais tout un plaidoyer, une analyse pragmatique d'un des aspects importants de la problématique haïtienne. C'est un concret triste, frôlant l'utopique, et la matière d'argumentation, demeure si vaste et controversée. Tu en parles avec tant de cœur. Je m'en voudrais cependant de trop préciser sa pensée ; le podium étant gentiment réservé à l'honneur et au mérite, une annotation pour l'excellence. Love and Peace Jas. Célébrons donc un peu aujourd'hui !!

P R C

C'est un très bon entretien avec vous Hervé. J'aime beaucoup ces deux passages :

> « Puisque tout homme risque à tout moment d'oublier son identité, le retour à sa culture pourra lui rappeler son origine et la conscience sera là pour lui rappeler sa provenance....
>
> La vision collective doit être modifiée et la connaissance individuelle doit être adaptée en vue d'un affranchissement personnel ; d'où la nécessité de préparer nos éducateurs pour que, à leur tour, ils puissent mettre l'accent sur la préparation des plus jeunes, les adultes de demain. Il faut donc reconsi-

dérer les principes établis et porter les ajustements nécessaires à cette fin ». *Hervé Fanini-Lemoine*

Bien que cela concerne l'appropriation de la culture haïtienne, c'est une réflexion riche d'enseignements pour qui que ce soit qui est sensible à ces phénomènes d'acculturation et l'accès à l'éducation est une des voies si l'on peut dire de cette « guérison culturelle »...

C D L
Cercle du Livre vient de recevoir Hervé Fanini-Lemoine autour de ses livres, « Dialogues et Conversations sur Facebook » et « Face à Face autour de l'Identité Haïtienne ». Diffusion : ce dimanche à 10 h et une reprise à 20 h sur la radio Vision 2000[1].

G R-C
Très heureuse d'apprendre que tu te ressources au pays, Hervé. Je te souhaite beaucoup de succès à la Foire.

H F-L
Merci Guerda. Tu dois participer l'année prochaine!

G R-C
Ah oui, j'aimerais bien, Hervé. J'ai déjà la « folie » ; à présent, il ne me reste plus qu'à produire le livre, hahaha !

A S
Bonne chance Hervé.

G E
Fière de toi Hervé

R L-B
« Par manque de connaissance de l'héritage culturel ancestral, la culture traditionnelle semble disparaitre

1 www.radiovision2000haiti.net

pour être remplacée par le culte du protestantisme. Il revient à l'Haïtien qui s'y connaît de se prononcer en faveur de cette tradition. Sinon, il est facile de prédire que d'ici quelques années, le Vodou sera une affaire qui se pratique que dans la Diaspora ». *Hervé Fanini-Lemoine*

É E H

Tu as le livre, j'aimerais le lire. Par contre, tu me connais bro, je trouve cela facile de dire que tous les pasteurs en Haïti mettent l'argent dans leurs poches alors qu'il y a des héros qui ont tout perdu même des gens de leurs familles, pour ne pas citer Wilson Charles, et qui au-delà de prêcher l'évangile servent leur peuple jour après jour. Derrière une opinion, quoique très intellectuelle, se cachent parfois de faux jugements. Manno, ton frère le rebelle, un croyant plein d'amour !

R L-B

On ne parle pas du séisme du 12 janvier ici, É E H, mais on parle du séisme identitaire qui remonte à plus loin encore. On parle de ce qui découle directement de l'esclavage physique. Si c'est tout ce que tu retiens de ce texte, sache que tu me montres que notre travail de mémoire et d'éducation est plus titanesque qu'on ne le croit, vu que nous sommes ceux qui sont les premiers ambassadeurs de cette amnésie collective.

E E H

La solution pour Haïti n'est ni le Vodou ni un prédicateur miracle à la Aristide. La solution c'est d'avoir des dirigeants intègres. Les autres pays qui nous apprennent comment diriger politiquement et qui nous laissent faire. Ce sont nos enfants qui, une fois l'intégrité et la stabilité politique embarquées, vont à l'école. Je crois que le débat n'est pas à la bonne place, car c'est là que le vrai séisme a commencé (demande aux intellectuels haïtiens) lorsque le chaos politique a pris le dessus et qu'ils ont tous quitté le pays pour l'étranger y compris M. Fanini-Lemoine !

R L-B
La politique ne te dira pas qui tu es. Ce que tu es influencera la manière dont tu feras la politique. De plus, un contenant sans contenu est aussi con que le con le tenant. « Quand il ne reste plus rien, il reste encore la culture ». — *Dany Laferrière*

H F-L
J'espère que toi, tu n'as pas un Visa, ma chère Émilie. Il y en a plusieurs qui lisent entre les lignes, malheureusement !

R L-B
Je suis très attristé de tes commentaires, Manno.

É E H
Si j'ai offusqué quelqu'un, je tiens à vous faire mes excuses, cela n'était pas mon objectif. Je crois simplement que notre peuple sera encore plus fier (car il l'est malgré tout) lorsque tous auront droit à l'éducation et aussi à une situation financière équitable au reste du monde. Je crois que cela valorise l'identité d'un peuple. Encore toutes mes excuses si j'ai blessé quelqu'un.

2- LA GOUVERNANCE D'HAÏTI PAR L'ONU !

Photo by Handout/Getty Images South America

« Cette semaine, Dumas Siméus a écrit une lettre demandant aux Nations Unies d'élargir son rôle dans la gouvernance d'Haïti. Il a déclaré que le gouvernement actuel devrait tout de suite démissionner ».

DentonRC.com

Pensez-vous que les Nations-Unies devraient gouverner Haïti et pensez-vous que Me Siméus est un traitre ?

D V
Tempête dans un verre d'eau.

H F-L
D'accord cher ami !

O L J
Ne sont-ils pas déjà le gouvernement ?

Méditez un peu : de 1804 à 2011, toutes ces années sous tutelle. Ils nous ont fait payer notre indépendance. Nous avons baissé notre drapeau pour saluer d'autres drapeaux. Nous avons connu l'occupation physique du territoire trois fois et nous commettons les mêmes erreurs : celles de mettre des populistes au pouvoir. Soyons honnêtes pour une fois et cessons de nous mystifier nous-mêmes !

H F-L

Jean, je ne sais pas si tu es détenteur des clefs de l'immigration américaine. Je ne sais pas, peut-être tu as perdu le sens de la conversation.

Pour être mieux édifié, je partage avec vous une tranche de ma vision pour Haïti et pour le peuple haïtien. « Au 21e siècle, l'enseignement et l'instruction sont un passage obligé pour gravir les échelons de la connaissance. Un changement sans précédent se déroule sous nos yeux et l'éducation, empreinte d'inspiration et d'espoir, doit être envisagée sous un nouvel angle. Cette éducation doit être basée sur la connaissance et non sur la culture du plus fort comme cela a eu lieu jusqu'à présent.

La vision collective doit être modifiée et la connaissance individuelle doit être adaptée en vue d'un affranchissement personnel ; d'où la nécessité de préparer nos éducateurs pour que, à leur tour, ils puissent mettre l'accent sur la préparation des plus jeunes, les adultes de demain. Il faut donc reconsidérer les principes établis et porter les ajustements nécessaires à cette fin. Le remaniement des structures sociales et le développement personnel sont désormais un devoir pour tous ceux qui veulent se réconcilier avec eux-mêmes et avec les autres...

Lisez le reste dans « FACE À FACE autour de l'Identité Haïtienne, p.1 ».

O L J
Des rêves d'Intellectuels ! Demesvar Delormes avait presque les mêmes rêves et vous voyez depuis quand.

P G
Pour moi, la question ne se pose pas. Voilà deux siècles que nous avons pris la responsabilité de fonder une Nation. C'est à nous de nous assumer aujourd'hui, pas aux autres de nous prendre en charge. Je dirais à Mr Siméus que nous devons rompre ce cycle de « *wete mete* ». Le pays nous échappe. Il est encore temps de nous ressaisir.

A M
Je peux comprendre sa proposition, vu notre incapacité à nous gouverner nous-mêmes ! Cela finira par arriver, parce que ce pays est au bord de l'explosion ! Ceux qui ont voté pour MM le mettent en difficulté quant au choix du premier ministre, c'est dire que l'anarchie règne.

A M
Qu'est-ce qui te fait croire à cela, Joyce, la gravité de la situation ?

J-G V
Marie, l'idéal, ou plutôt la logique aurait été de changer de système d'abord, puis de choisir une icône, ou un symbole. Mais Haïti n'avait pas ce choix. Le cynisme du système anticipait sur cette difficulté à venir pour punir la Nation. Dans cette épreuve de force, c'est Haïti qui s'oppose à elle-même ; quelle absurdité ! Quelle tragédie ! C'est comme si un camp est en faveur d'Haïti, et l'autre camp non. Tout le monde a compris que la nation ne veut plus de ce système. Alors, comment faire ? Ce n'est pas Martelly qui est en difficulté, ce sont 10.000.000 de personnes qui attendent.

O L J

Dans quelle situation sommes-nous maintenant ? Honnêtement, ne sommes-nous pas occupés par les Nations-Unies maintenant ?

Tous ceux qui se trompent volontairement sont ceux qui mettent le pays dans plus de désastres. Yap pete tèt yo. Le Blanc occupe le pays militairement. Il gère l'argent de la reconstruction, a mis un embargo sur les armes, a nommé un Gouverneur et a mis un portrait pour faire le reste et se faire manger par les masses populaires. Après, la malhonnêteté politique devrait être punie par la peine de mort en Haïti. Peut-être que l'on s'en sortira alors.

HH F

La seule idée d'avoir des élections au pays serait de les foutre à la porte voire même être présentes depuis l'année 1994 sur la terre de Toussaint Louverture, Jean Jacques Dessalines le Grand, Henri Christophe, Alexandre Pétion, Capois La Mort, etc. Et pourquoi parle-t-on d'une constitution et de tous ces hommes parle-mentaires au pays quand les casques disent toujours les derniers mots ? Vaut mieux annuler le tout si l'on veut être sérieux. Mon opinion !

J-G V

Harry, ne t'énerve pas mon frère. Il fallait un commencement. Déjà un premier bras de fer s'était engagé. Dans cette idiotie, Haïti a perdu près de 4 à 5 mois pour la négociation, etc. Puis le 2e tour encore, c'est à cause du soleil. Il fait trop chaud, pas trop vite pour ne pas transpirer. Et là, il y a un 3e tour qui s'engage pour démanteler définitivement ce réseau. On observe !

M L

Mon petit peuple haïtien, ce n'est pas le langage que nous parlons éloquemment qui va prouver notre niveau d'intelligence, mais plutôt la capacité de nos pensées. Si vous êtes Français, vous êtes attendus à parler la langue française sans faire aucun effort, et si vous êtes Italienne vous êtes censé parler la langue italienne, ainsi de suite.

Il y a beaucoup de traitres parmi nous qui aimeraient passer notre petite terre aux étrangers. Et il y a aussi ceux qui ont violé notre Patrie. Les États-Unis une fois ont occupé notre pays pendant de nombreuses années ; et qu'avons à montrer pour lui ?

Beaucoup d'entre nous sont une bande de traitres qui n'aimeraient que plaire à leurs maitres avec l'espoir d'obtenir quelque chose en retour. Mais l'histoire nous a montré que le monde blanc est seulement là pour s'occuper de ses propres avantages.

Beaucoup de personnes de la race blanche ont estimé qu'il était impossible de travailler avec la nation haïtienne en raison du trop grand nombre de Noirs sur cette petite ile.

Dans le passé, beaucoup ont proposé de rapatrier les Haïtiens à l'Afrique. Je comprends la frustration de beaucoup d'entre nous, mais une occu-pation d'Haïti ne sera pas la solution. Nous avons un nouveau président élu et nous devons être unis pour l'aider à faire face à la difficile tâche. Peut-être, nous devrions tous nous aligner et nous suicider. Je suis tout à fait choqué d'entendre une Haïtienne parler comme ça.

HH F

@ Jean G — Ce qui m'énerve vraiment, c'est que nos hommes politiques contemporains ne font qu'empirer la situation en promulguant des bévues légales ; ce pour entraver la marche des choses.

Ironiquement, ils prennent la clef des champs à chaque fois que les choses sont prêtes à éclater. Pas une goutte de sang haïtien d'antan ne circule dans leurs veines ! Ainsi, ces hommes élus ou nommés ne croient même pas à l'avancement des choses au pays. Prenons le cas de cette histoire d'amendement constitutionnel.

Tout a été préparé, et ceci en secret depuis le mois de septembre 2009. Et tout d'un coup, juste après quelques jours à la Chambre législative et surtout avec au moins 2 tiers de nigauds et d'apatrides dans les 2 chambres, on a voté sur quelque chose de si important sans que personne n'ignore son contenu. 72 heures après, ils nous ont parlé d'erreurs graves, des fautes grammaticales et des articles qui n'ont pas été votés au moment de l'appel des votes. Pourquoi ne pas entamer des enquêtes judiciaires s'il y a suspicion d'avoir anguille-sous-roche ? Dans la loi du 28 juin 1904, les articles 1, 2 et 3 prévoient des punitions pour tout escroc gouvernemental ayant dupé le peuple et volé l'État. Et ceci sans exception.

Zut ! Où sont les académiciens et courtiers intellectuels du pays ? S'ils restent bouchés, peu s'en faille que les blancs reprennent leur commande. Oui, cela m'énerve. Et c'est peut-être tous ces actes de haute trahison perpétrés par ces groupes de politiciens contemporains haïtiens, pourtant continuellement restés impunis, qui intriguent certaines personnes jusqu'à se voir décourager de ne pouvoir participer à de mouvements progressistes en Haïti ?

J-G V

Mon cher Harry, tous ces politichiens tactichiens, academichiens, oh chiens qui n'aiment que les chiens chiens chiens et haïssent les siens siens siens !

GG D Jr

Mes frères et sœurs c'est notre devoir d'analyser la politique haïtienne en tenant compte des liens diplomatiques qui sont un fait réel. Les Américains, comme l'a dit Aristide, nous ont menti, mais de nous envahir avec les Nations Unies n'est pas le problème primordial. La réalité la plus profonde c'est que le Pakistan était membre de la coalition pendant l'occupation sous l'ordre de Mussaraf, un dictateur qui a utilisé son pays pour héberger Osama Bin Ladin et les Talibans juste pour un profit de près de 20 millions de dollars. Là, on est captif d'une organisation que même les Américains en doutent. Alors si ce fonctionnaire demande aux Nations-Unies de participer, il a un point. Il joue à la diplomatie.

Le nouveau gouvernement ne pourra pas opérer librement jusqu'à ce que les troupes militaires se retirent. Ce sera très difficile, car ils ont un mandat signé par Aristide. Depuis l'occupation, nous sommes en guerre tout comme les Français, Anglais et Américains. Et ceci est la vérité.

GG D Jr

Messieurs, il est temps de nous rendre compte qu'après l'embargo ils sont venus nous tuer. Tout comme l'Irak, la Palestine et la Lybie, nous sommes vivants grâce à Raoul Cédras qui n'a donné aucune résistance. C'est une guerre contrôlée par un empire et nous devons nous résigner à la soumission et accepter l'ordre des blancs, car nous ne sommes ni Kadhafi ni l'Iran.

Le Pakistan reçoit l'aide des banques parce qu'il protège les terroristes. Nous devons obliger l'ONU de sortir de notre pays ou de participer à la reconstruction.

La dame dont parle Hervé est sur une bonne voie.

M V

Aucun pays ni aucune institution, y compris l'Organisation des Nations-Unies qui n'est au fond qu'un Jouet entre les mains de certains États, ne devraient en aucun cas gouverner « HAÏTI » qui est un pays souverain, même si de nos jours les pays puissants ne respectent pas ce droit et font ce qu'ils veulent des autres « droits d'ingérence, de bombardements abusifs avec des risques de destructions du pays, et tant d'autres inégalités ».

Une autre tutelle en vue ! Je pensais que l'on était sous tutelle depuis l'arrivée des forces de Clinton en 1994, renforcée par la MINUSTHA une décennie plus tard ! Peut-être rêvais-je ?

3-HAITI SOUS TUTELLE

Il faut renverser Aristide. Et ce n'est pas l'opposition haïtienne qui le réclame, mais des parlementaires de plusieurs pays réunis à l'initiative du Canada !

Michel Vastel, 2 mars 2003 – L'actualité

Nous avons hypothéqué notre souveraineté nationale soit par notre égocentrisme, notre indifférence ou nos négligences envers notre patrimoine. Une tutelle étrangère s'avère concrète de jour en jour. Il n'est qu'une question de temps. Cet affront infâme à l'endroit de ceux dont le sang a coulé pour faire d'Haïti la première république noire de notre hémisphère doit être évité à tout prix. Il s'agit de se poser la question suivante : est-ce qu'il y aura assez d'Haïtiens dignes de ce nom pour écarter leurs propres intérêts au profit du plus grand nombre et ainsi surmonter cette banqueroute de la patrie ?

M E

E G

Merci, c'est très bien et juste. Maintenant, il nous faut la proposition alternative et concrète. Quelle pourrait-elle être ?

HH F

Question à multiples faces, mais aujourd'hui très objective, Maryse. Actuellement, je m'engagerais peut-être si c'était pour une période bien déterminée (10ans, par exemple), et ceci avec des objectifs sérieux, précis (en agriculture, santé, route, électricité et institutionnalisation d'un système de « Rendement de Justice » reposant sur le « Jury de Citoyens choisis » [People Jury]. Et tu appréhendes aussi que je me débarrasse de ce drapeau actuel [en échange d'un blanc, jaune pâle avec une colombe plaquée] et de cet hymne national. Et j'en passe, Maryse. D'ailleurs, la population actuelle s'en fout pas mal de ce qu'on lui donne. Les gens ont trop souffert pendant qu'aucune lumière ou bout d'un tunnel de sortie ne soit apparente.

M E

Eddy, je crois que la balle demeure dans le camp de ceux qui dirigent le destin du pays ou en aspirent. À nous autres d'essayer de les illuminer par nos suggestions et notre attention assidue.

G-E F

@ Maryse — Le parcours de notre socio politique est jalonné par des facteurs d'accommodement de la tutelle en question. Celle-ci est déjà sur place officieusement. Maintenant, il s'avère nécessaire, compte tenu de la conjoncture, de la rendre officielle en en énonçant les paramètres ou modus operandi. À ce moment précis, « ceux qui dirigent le destin » de notre Haïti meurtrie dans l'ombre auront à s'identifier et à montrer leurs mains de cartes. Je pense que cette mesure aiderait amplement à les dénoncer d'abord, et ensuite à éradiquer les quid pro quo qui sont des pierres d'achoppement a la velléité d'établir un état de droit chez nous. J'aime le sens du débat que suscite ta note Maryse.

M J

Toute la question est là : « la balle dans le camp de ceux qui dirigent » !

Combien de fois, si ce n'est qu'à chaque fois la balle a disparu du camp et l'on s'est rendu compte qu'il n'y avait que du vent ? Le système que nous avons adopté permet à la majorité de nous choisir nos dirigeants ! Et après « viv, nou vle'l, ba nou li « vient toujours » n' pa vle aba, rache manyòk ou « c'est d'une tristesse à vous faire pleurer » ! Nous devons changer notre tactique, cesser de les « illuminer de nos suggestions », descendre dans l'arène pour faire le travail qui n'a jamais été fait. Partir en mission pour prêcher la bonne nouvelle d'une démocratie à l'haïtienne à définir ensemble, surtout avec la population qui nous choisit nos dirigeants.

M E

Harry, je ne pense pas du tout que l'occurrence d'une tutelle étrangère puisse être temporaire vu la conjoncture et à l'ère de la globalisation. L'étranger sait apprécier notre petit coin de terre et fera en sorte que nous,

Haïtiens, deviennent des TOURISTES une fois possession prise. Pardonne mon cynisme si je n'arrive à croire à un désintéressement total de la part de nos «bienfaiteurs». À bon entendeur, salut !

Quant à changer notre bicolore et d'autres emblèmes patriotiques, je le vois franchement comme un exercice futile. Nos convictions que ces symboles représentent sont enracinées toutes au fond de nous-mêmes et sont tributaires de la configuration de ces insignes.

Le temps n'est pas à la naïveté. Il faut regarder la réalité en face. Cette « Crise identitaire haïtienne » a duré des années comme aucun autre handicap de ce nom. Notre diaspora certes a tenté d'y remédier à maintes reprises, mais sans succès et au prix de vies humaines bien souvent. Il faut avouer que nous, Haïtiens d'outre-mer, sommes impuissants à gérer les affaires de notre pays à un certain niveau. Nous n'avons même pas le droit de vote. Imaginez l'étendue de notre incapacité quand l'étranger aura les rennes. Ce problème haïtien doit trouver sa résolution avec les Haïtiens. Si l'on n'est pas convaincu, examinez les deux dernières décennies qui témoignent de cette ASSISTANCE étrangère.

H F-L

Une autre tutelle en vue ! Je pensais que l'on était sous tutelle depuis l'arrivée des forces de Clinton en 1994, renforcée par la MINUSTHA une décennie plus tard ! Peut-être rêvais-je ?

M E

Oh non, Hervé, tu ne rêvais pas, parlant de cette tutelle officieuse. Ce sera une tout autre affaire quand elle deviendra officielle, ne penses-tu pas ?

G-E F

Maryse, tu as approfondi avec maitrise la pertinence des volets sensibles de cette analyse. Récemment, j'ai répondu à une note intitulée « Le Nègre Contemporain », dans laquelle j'ai tenté d'établir le distinguo entre

« l'indigence » et « l'hexogène ». Si ce dernier devait nous servir de planche de salut, il eût fallu qu'il passe dans la passoire de l'acculturation afin que son apport soit pragmatique. Autrement toute tendance à imposer des mesures exogènes à des problèmes indigènes corses rencontrerait l'échec comme sort. Si les facteurs d'engagement sont bien définis et l'équilibre géoculturel est observé dans ce contrat d'interdépendance, je présume que la remise sur rail de la Perle des Antilles serait alors imminente.

H F-L
Tu penses plus sadique que maintenant, où le blanc s'afficherait tout bonnement à la place de ces râpeux d'hommes qui se disent dirigeants !

M E
Jean L ne saurait si bien dire dans « Mes Voeux à une Patrie Moribonde[1] »

H F-L
@ Guy-E — Hervé, je te remercie d'avoir rédigé un texte, dont le titre : « Le Nègre contemporain » met face à face « l'Indigène » et « l'Exogène ».

L'indigène en tant que racines culturelles des luttes ancestrales, devrait épicer notre déterminisme historique et notre fierté de peuple. Ceci, la même ou l'exogène, insouciant et glacial, s'en vient balayer et combler de sable, la source intarissable de notre identité en tant que peuple-nation. Partant de ces critères, convenons ensemble que « Le Nègre Contemporain » ne diffère nullement du Nègre d'antan.

Aujourd'hui, la psychodynamique du nègre a changé à bien des égards ; pourtant, les infections qui rongent le tissu originel de la négritude n'ont pas muté. Hervé, le nègre n'a pas changé, mais son indolence a pris

1http://www.facebook.com/notes/jean-l-theagene/mes-voeux-a-une-patrie-moribonde/10150351526335177 des proportions gigantesques. À cet effet, je ne cesserai jamais de répéter que la crise du nègre « contemporain » ou autre est attitudinale et de chronicité navrante. Tu as donné de l'essor à cette dimension tragique dans ton œuvre écologique intitulée « FACE À FACE autour de l'Identité Haïtienne. »

M M
Franchement Maryse, je pense qu'il est trop tard, malgré mon optimisme habituel et la peine que je ressens !

M E
Tant qu'il y a de la vie, il y a de l'espoir. De plus, l'espoir fait vivre, Michelle ! :-)

HH F
Je pense que, pour des raisons qui me restent inconnues, les blancs ne nous en veulent plus. Nous avions eu au moins 3 vacances présidentielles depuis 1986 ; toutes suivies par des émeutes. Une absence ou un vide présidentiel suffit aux N.U. pour se situer dans n'importe quel pays. Et je te dis, sister girl, que les masses haïtiennes nées (résidant en Haïti) me déclarent qu'elles sont fatiguées avec ces genres de pseudoleadership.

Que les Français, Américains, Espagnols y retournent ; ils ne s'en soucient guère maintenant -- en effet, une attitude contemporaine clairement expliquée par MASLOW.

Y F
La tutelle Maryse infiltre nos viscères depuis belle lurette. Comme un cancer qui nous ravage, elle est sournoise. Je ferai certainement une analogie du corps humain quand à l'immunité, le système de défense s'affaiblit, abdique, le mal envahi.

Nous avons démissionné et l'ingérence a bourgeonné, s'est enracinée et asphyxie notre corps social, politique et économique. Le traitement à proposer serait-il l'éradication totale, la radiothérapie, la chimio-thérapie ou toute autre solution adéquate et effective ?

Le mal est à exciser de toute façon. La problématique haïtienne est multicéphale et les interventions quasi inimaginables, titanesques et lourdes en coûts financiers.

L'optimisme et l'espoir sont peut-être des pensées posthumes. Si nos interventions sont initiées aujourd'hui, nos enfants, pourraient-ils en assumer la relève ?

« L'espoir fait vivre » et en effet, tant qu'il y a de la vie, on peut espérer.

J L T

Le fait par nous de laisser aux étrangers le soin de s'occuper de nos élections est une acceptation tacite de la tutelle. L'organisation des élections reste et demeure un acte de souveraineté.

H T

Pour comprendre l'histoire des onze demandes d'occupations d'Haïti de 1994 à 2010, referez-vous à cet article[2].

HH F

@ Albert — La vérité, rien que de la vérité ! Vous n'aviez pas opiné, Monsieur. Vous nous avez dessiné, en si peu de mots, le tableau culturel d'Haïti. Et je vous demande aujourd'hui : « Qu'est-ce qu'on fait ? On laisse faire ou l'on abandonne et/ou l'on contribue objectivement ? Partagez vos idées et/ou vos rêves avec l'audience du Facebook, cher compatriote.

A D

Merci. Je comprends l'intérêt que vous portez à la question. Un artiste qui essaie d'embellir la vie des autres éprouve parfois de la difficulté à transcrire une réalité si cruelle et blessante pour nous tous. J'ai tenté de vous dire quelque chose sur le vif, comme d'habitude, mais voulant

---

2http://solutionshaiti.blogspot.com/2010/10/haiti-15-octobre-2009-quinzieme.html

corriger certaines fautes, il m'est arrivé de tout effacer. Je vais reprendre malgré la fatigue (je peints la nuit).

M E
Les conséquences de nos inconséquences, voir la vidéo de Cspan[3].

A R
Pendant deux cents ans, la présence de troupes étrangères a alterné avec celle de dictateurs. C'est la force qui définit les relations internationales avec Haïti et jamais le dialogue. Le péché originel d'Haïti, sur la scène mondiale, c'est sa libération. Les Haïtiens commirent l'inacceptable en 1804 : un crime de lèse-majesté pour un monde inquiet.

L'Occident est alors un monde colonialiste, esclavagiste et raciste qui base sa richesse sur l'exploitation des terres conquises. Donc, le modèle révolutionnaire haïtien fait peur aux grandes puissances.

Les États-Unis ne reconnaissent l'indépendance d'Haïti qu'en 1865. Et la France exige le paiement d'une rançon pour accepter cette libération. Dès le départ, l'indépendance est compromise et le développement du pays entravé. Le monde n'a jamais su comment traiter Haïti, alors il a fini par l'ignorer. On a avec deux cents ans de solitude sur la scène internationale. Aujourd'hui, l'ONU applique aveuglément le chapitre 7 de sa charte, elle déploie ses troupes pour imposer son opération de paix.

On ne résout rien, on empire. Mais la charité ne peut pas être le moteur des relations internationales. Ce sont l'autonomie, la souveraineté, le commerce équitable, le respect d'autrui qui devraient l'être.

Haïti est le dernier paradis des Caraïbes encore inexploité pour le tourisme, avec 1700 kilomètres de côtes vierges, nous devrions favoriser un tourisme culturel et éviter de paver la route à un nouvel Eldorado du tourisme de masse. Les leçons que nous donnons sont inefficaces

3 http://www.c-spanvideo.org/program/60373-1

depuis trop longtemps. La reconstruction et l'accompagnement d'une société si riche sont une des dernières grandes aventures humaines.

Il y a 200 ans, Haïti a illuminé l'histoire de l'humanité et sur les droits de l'homme. Il faut maintenant laisser une chance aux Haïtiens de confirmer leur vision[4].

A D

Une panne d'électricité a encore tout effacé. Je reprends là où Maryse a fini d'exprimer ses voeux : laisser une chance aux Haïtiens. Cela me rappelle la musique du Tabou Combo, intitulée « *yon ti chans pou yo* ». J'ai beaucoup aimé cette musique. Puis, avec les années, ma vision des choses a changé.

Il n'y a de chance que pour ceux qui savent la saisir. Ceux qui savent comprendre que nous devons nous aimer. Nous devons nous aimer autrement. Si nous pouvions nous regarder autrement, différemment. Comme si nous étions une nouvelle race d'hommes et de femmes, de nouveaux conquérants sur une terre nouvelle, comme si nous n'avions jamais été des esclaves. Avant toute cette histoire, nous étions libres sur d'autres terres, il n'y avait pas les chaines. Quand vous regardez un descendant d'Abraham, vous ne pensez pas à les traiter en anciens esclaves des Égyptiens. Si nous cessions de parler d'esclavage et de chaines, peut-être aimerions-nous mieux les instruire et leur dire qu'ils sont beaux et qu'ils peuvent accomplir de grandes choses.

Pourquoi pas ? Pourquoi ne pas leur dire qu'ils n'ont jamais été des esclaves avant les colonies ? Un nouvel homme Noir doit naitre, être et devenir ! Abolissons à jamais cette notion d'anciens esclaves ! Nous n'avons fait que reprendre ce qui était à nous : La LIBERTÉ originelle ! 1804 doit être la PÂQUE de Noirs du monde entier !

---

[4] http://nyrvah.blogspot.com/2010/12/haiti-est-la-preuve-de-lechec-de-laide.html?spref=fb

M E

Albert, vos observations se jumellent aux miennes remarquablement dans ma note « SUR LA QUESTION DE COULEUR ». Je crois fermement qu'il est grand temps de se débarrasser du stigmate de l'esclavage pour pouvoir continuer de l'avant.

A D

Pardonnez-moi, Maryse, pour la question de couleur ! C'est une autre facette de notre histoire. Elle est inscrite sur le facies de tout descendant d'Afrique. Qu'il s'en réclame ou pas, il fait systématiquement partie du monde des noirs. Même dans les hautes cimes de nos déracinés qui feignent de l'ignorer. Le racisme est inévitable. Quelles que soient nos apparences ou appartenances dans la société. Tôt ou tard, insidieusement, cela nous rattrape ! J'en arrive à croire qu'à petite dose, cela nous stimule. Cela fouette notre fierté jusqu'à nous forcer à nous valoriser. Ainsi naquit la Negritude. Mais si, mine de rien, je vous disais qu'Obama n'est pas Noir, serait-il encore une autre question à débattre. Alors, je préfère traiter la couleur au bout de mon pinceau. Il y a tellement de nuances à découvrir jusqu'à l'INFINI.

M E

Économie : E-Power inaugure sa centrale électrique de 30 mégawatts[5].

S K J

Mais, ce n'est pas nouveau, et c'est pour cela que les forces d'occupations sont là pour renforcer cette tutelle à laquelle nous faisons face depuis la reconnaissance de la dette de l'indépendance à nos jours.

Il est question de ne pas nous laisser, hommes noirs, nous épanouir, avoir les connaissances en aéro-

[5] http://www.haitilibre.com/article-2112-haiti-economie-e-power-inaugure-sa-centrale-electrique-de-30-megawatts.html

nautiques, informatiques, en nucléaire, en médecine, en astronomie, en astrologie, et d'être illuminés.

Les maudites institutions hémisphériques telles que la F.M.I., l'O.T.A.N., et l'O.N.U. instrumentalisés par la France et les États-Unis afin de nous extorquer de l'argent, dette de l'indépendance, en ce qui concerne la France.

L'accord du 7 août 1933 sous les armes des marines américaines leur octroyait le contrôle fiscal des recettes douanières, imposé afin de finir avec la dette de l'indépendance. En ce qui concerne les États-Unis

Ce n'est pas fini la réserve d'or de la Banque Nationale d'Haïti a été emporté vers les banques américaines sous forme de cambriolage de cette dernière.

Je vous confie que la Couronne de Faustin premier en or massif et diamanté n'est jamais revenu en Haïti suite à la petite réparation qu'elle devait subir à l'étranger « sans savoir dans quel pays » sous le gouvernement de Gérard Latortue.

C'est ridicule de parler de tutelle maintenant (*nou paka kite kabrit fin pase pou nap rele fèmen baryè*). Nous avions réclamé l'occupation au lieu de dette de l'indépendance en 2004. J'étais présent lorsqu'Hervé SAINTILUS vociférait « rele Clinton vin pran kakal » en parlant de J.B.A. Pourtant qui réclamait haut et fort la dette de l'indépendance, ce qui aurait eu un impacte considérable dans notre quête d'indépendance depuis notre déportation de l'Afrique !

« La politique de l'exclusion du mulâtre dans les affaires étatiques du pays crée un problème. Et jusqu'à nos jours, il n'est pas accepté, à l'idée qu'il est un affranchi hétéroclite de la conception des choses a fait de lui un apatride, chez la voisine républicaine, l'approche est sensible ».

J M A

4- LA PRIMATURE

http://www.belpolitik.com/blog.php/83

La position du « Premier Ministre » a été créée en 1985, à travers un des amendements à la Constitution de 1983. Cet amendement fut approuvé par voix référendaire le 22 Juillet, sous le gouvernement de Jean-Claude Duvalier[6].

Pensez-vous que Charilto Baker serait un Premier Ministre progressiste sous le gouvernement de Martelly, sinon qui suggérez-vous ?

H W J

Je pense qu'on devrait maintenir Belle-Rive à son poste. Il fait un bon travail, et sa capacité à négocier avec toutes les franges pourrait être un grand atout tant pour le parlement que la présidence. Toutefois, si INITE décide

[6] http://www.haiti-reference.com/politique/executif/primature.html

de peser de tout son poids pour avoir un nouveau Premier Ministre, j'aurais suggéré l'actuel President du Senateur, Kelly C. Sebastien. Je crois qu'il pourrait transcender tout esprit partisan pour travailler de façon efficace avec le President.

H F-L
Intéressant !

G-E F
Hervé, je pense que le premier seuil à franchir, c'est celui d'une entente bien conjuguée sur la mise en application sans bavure et sans écart, des prescrits de la Constitution en veilleuse dans la soci-politique haïtienne. Si c'est possible de révoquer les pratiques extraconstitutionnelles, le choix du premier ministre prendrait alors cours dans le parti majoritaire siégeant au Parlement. Maintenant si la Constitution demeure en veilleuse, Charlito Baker serait bien digne de cette tache. La suggestion d'Henri W. Jules serait une planche de salut, mais fort malheureusement, en politique, l'agenda partisan est une pierre d'achoppement contre l'esprit de continuation des entreprises pragmatiques édifiées par l'administration sortante. Je doute retenir Bellerive soit dans l'ordre des choses probables.

H F-L
@ Nicolas — « Il faut un aspirant qualifié parmi les groupes politiques ou au niveau sénatorial pour ce poste », n'est-ce pas ? « Nous aurions pu avoir un acteur sur la scène socio-politique de ce pays que le peuple haïtien a définitivement rejeté pour des raisons bien déterminées et justes ? »

O L J
Le Party INITE à la majorité au Parlement ; aucun choix sans eux.

HH F
Dr Théodore reste mon candidat de choix.

Kelly Bastien, ce n'est pas Sebastien. Bellerive fait un bon travail ? Énumérez, M. Jules, s'il vous plait.

D'ailleurs, L'INITE n'existe plus et n'a jamais vraiment existé, mes chers copains. Toute une série de fragments autour de la personne de M. Preval. Avec la sortie de ce dernier, tout comme avec celle du Dr Leslie Manigat, « l'INITE » va exister juste comme une bande de gars divisés. Pas d'idéologie ! Pas de leader ! Vers qui se tourner ? Une bande de novices ! Le président et son équipe peuvent jouer avec eux, s'il joue de la souplesse.

J M A
La politique de l'exclusion du mulâtre dans les affaires étatiques du pays crée un problème. Et jusqu'à nos jours, il n'est pas accepté, à l'idée qu'il est un affranchi hétéroclite de la conception des choses a fait de lui un apatride, chez la voisine républicaine, l'approche est sensible.

Vrai ou faux, il va falloir que le petit rouge dore de nouveau ses blasons et faire montre de sa capacité à sortir le pays de cette impasse difficile. Partout dans le monde il y a toujours une élite responsable de la bonne marche des choses, mais pour le cas de celle de chez nous, la tendance est contraire. La vue du moi prime sur l'intérêt collectif et écologique. Ce peuple en quête d'un salut et en absence d'Aristide voit un populiste en la personne de Michel Martelly sans pour autant se fier au groupuscule ; alors est-ce un test ?

Une élite GNBiste qui se cache derrière un candidat originaire de Côte-de-Fer pour satisfaire ses desiderata décrit et comprend une situation sporadique à exploiter ; tout dépendra du résultat !

Est-ce vraiment une voie ouverte pour les autres ? J'en doute fort, et il est trop tôt pour en savoir.

A R
Je sais que Charlito sera le meilleur des choix puisqu'il a déjà fait ses preuves sur le terrain. C'est un homme bien préparé, à dures épreuves, il est toujours décidé à bien faire pour son pays. Il est un rude travailleur et il est un homme honnête ! Il a longtemps travaillé dans l'industrie de la production. Il est donc très imprégné et très impliqué dans toutes les variantes. Michel et lui feraient une force décisive pour Haïti. Il serait le choix le plus sage et le plus bénéfique à la Nation. L'Union Fait la Force !

M V
Charlito Baker, à mon humble avis, est l'homme de la situation, s'il doit y avoir un « changement ». Aucun de ceux qui étaient déjà membres de CEP ou ministres dans n'importe quel gouvernement d'avant ne fera l'affaire, car il y a eu trop de corruptions, de magouilles, et j'en passe.

J M A
Qui veut dire par anonymisation que le bonhomme était Premier Ministre ; par un communiqué ou quoique ce soit, la nouvelle sera officielle. Un tel mouvement qui peut-être, créera un amoindrissement des magouilles et de la manipulation de l'appareil de l'État.

M M
Oui, c'est un homme de confiance. D'ailleurs, il n'a pas besoin de l'argent du pays pour vivre. Il est autosuffisant. Il veut voir son pays sortir de l'impasse et lutter pour regagner sa dignité d'antan qui était « la Perle des Antilles ». Même s'il lui prendra des années, avec une bonne conscience, il pourrait commencer un bon travail et laisser un bon exemple. Les autres à venir suivront ses pas.

Avez-vous des preuves à l'appui concernant les non-paiements de taxes de Monsieur ? Le passé empêche tout humain de progresser, voilà le résultat que l'on voit depuis des annexes de la male gouvernance dans ce pays. On veut un changement de mentalité.

Aujourd'hui, le peuple a élu quelqu'un qu'il juge pouvoir changer des choses. Il a besoin d'hommes et de femmes comme vous et moi pour lui faire des suggestions, constructives ; OK.

G A

J'ai toujours pensé que Baker pourrait lui aussi être un bon président, mais pour une raison ou pour une autre il ne peut pas rallier le peuple autour de lui.

N'oubliez pas que le premier ministre sera de « l'INITE ».

J M A

L'élite haïtienne n'est pas fiable en ce qui concerne le paiement des taxes. Elle s'est toujours opposée, sans pour autant être l'instigatrice d'un coup d'État. Je n'ai rien contre ce groupuscule, mais il va falloir qu'elle change de mentalité. L'on fait véhiculer l'idée que Henry Baker est le fils d'un américain qui lui donne un peu de crédit, mais le méli-mélo arabe et mulâtre complique la situation. Je ne défends pas mon beurre ; absolument pas. Mais j'appuie sans réserve l'écrit de monsieur Siméon. L'alphabétisation est aussi une question qui fâche le soi-disant républicain de chez nous, se faisant, l'avocat du diable sans aucune idée réelle des choses est un peu absurde. Un petit rappel aux imposteurs : l'information est toujours utile pour la formation du savoir et il faut savoir se taire lorsqu'on n'a rien à dire. Merci à propos !

M D

« Je n'en sais pas trop, il y a tellement de sang contaminé dans ce pays », a écrit Nicolas. Les Haïtiens ont-ils une maladie contagieuse que je dois savoir ? Contaminés ; l'êtes-vous ?

Une page très intéressante. Est-ce que M. Baker est intéressé à ce poste ? Je ne doute pas pour une seconde qu'il ferait un excellent travail. Il y a un autre poste pour ce monsieur qui est beaucoup plus important que le premier ministre. Je pense que Baker est plus intéressé à des résultats concrets que le titre. Nous nous limitons très souvent dans un titre oubliant que c'est juste un mot.

M M
Bravo Mimi, bien dit.

J M A
@ Gina — Mr Baker n'est pas musicien et il est trop mulâtre. Un manque de diplomatie a fait de lui une victime, et je m'explique : après une rencontre avec Mr Préval, Mr Baker dévoila au public le motif de cette conversation qui, selon certains, moi inclus, était une erreur grave sur le plan politique. Il déclara ouvertement l'attribution de 40 millions dollars sollicités par le gouvernement d'Aristide, une augmentation jadis jugée raisonnable par le Département des Affaires Sociales, mais réfutés par ses sbires qui indubitablement sont contributifs à la puissance absolue assimilée au destin et qui semblèrent déterminer d'avance son sort, c'est mon point de vue.

NB. Le point de vue d'un sujet par rapport aux points ne change pas sa classe sociale, il y a un groupuscule qui jouait le jeu de la carnation pour s'initier à cettedite appartenance, oui jadis, le temps est révolu. Réveille-toi puisque la valeur académique représente l'enjeu de la société moderne.

N S
Je crois qu'après avoir scruté les avenues et les provisions de la constitution en ce sens, le président trouvera à coup sûr un candidat intellectuellement très qualifié et très, très, très modéré. Je n'ai encore ni noms ni visage à le mettre dessus.

M M
Alors, réfléchissez sur une bonne proposition, comme ça vous allez aider directement ce président dans la

sélection de son premier ministre. Qu'en dites-vous, cher frère, tous unis dans un seul but ? Merci et bonne nuit.

M D
J'ai très bien compris le contexte, Nicolas. Vous avez insulté tous les Haïtiens en le disant ; et en vous incluant.

Dans la politique et dans tous les pays du monde, il faut le vouloir pour l'avoir. Et, pour l'avoir des fois, il faut se salir les mains et se désinfecter avec des RÉSULTATS qui doivent bénéficier la majorité.

J S
Je suis complètement d'accord avec les Femmes (sauf Ludmilla). Charlito comme PM avec Martelly comme President serait l'idéal. Chacun a ce que l'autre n'a pas ! En plus, les deux connaissent parfaitement le pays et ses besoins. Ils aiment tous les deux Haïti. Ils se sont sacrifiés pour Haïti ; ils ont tout enduré. Ils comprennent que si l'on veut sortir du trou, on ne peut plus parler (voire penser) de Noirs, Mulâtres ou Blancs, ni de riches ni de pauvres ; ni d'intellectuels ou d'analphabètes : ni d'Arabes ou d'autres ; ni de duvaliéristes, de Lavalassiens, etc. Il n'y a que des Haïtiens ! Tèt ensem nou ka rivé !

M D
Nicolas, que vas-tu faire pour ton pays : parler ou agir ?

J S
@ Hervé, tu es brillant et tu parles d'or ! Haïti a besoin de toi.

@ Nicolas — Je vous invite (comme vous l'avez si bien fait avec Mimi) de relire mes commentaires. Ne pas être d'accord avec Ludmilla, ne veut pas dire que je sois contre elle ! Que veut dire: « Huummm ! » ?

Comme disait Mimi, « parler, ce n'est pas forcément dire quelque chose ! » Je vous ai beaucoup lu, et je n'ai toujours pas compris votre point !

Encore une fois, relisez mon texte. Je n'ai jamais dit que les problèmes confrontés n'étaient pas réels. Ils le sont aussi dans les pays civilisés ! Vous vous imaginez ? Mais continuer à remuer la merde dans la marmite retient d'une pincée d'ignorance, une poignée de stupidité et une cargaison de masochisme ! Moi, j'en ai marre. Je connais mon pays Haïti, ma culture, ma nourriture, ma musique, mon peuple, et ceci mieux que 95 % (pour être conservateur) de mes compatriotes et je suis plus blanc plus que 99.9 % d'entre eux ; pour cela, je ne serais pas qualifié.

Jusqu'à présent, Mr Simeon, nous n'avons jamais mis « tèt ansanm ». We only say it because it sounds good. Let's stop the crap and really put our heads together. Trop palé KKpoul !

A M

Depi ki tan diaspora a gen la vwa o chapit ? Se nou kapral nonmen pwemye minis nan place ti simone ? Vous ne savez que parler derrière votre écran, anyen de plis!

5- LE PAYS LE PLUS PAUVRE

À mes ex-consoeurs et confrères de Radio Canada. Également à ces jeunes journalistes de la salle de rédaction des TV et Radio.

Depuis plus d'une année, je me sens agressé, par ceux et celles qui furent des confrères, des consœurs, à Radio Canada, également par des nouveaux venus, qui, dans leurs nombreuses interventions sur Haïti, ne ratent pas l'occasion de le qualifier de « pays le plus pauvre du monde ».

Bien sûr, il s'agit d'une réalité dont je ne saurais contester la véracité. Mais, dites-moi, pourquoi telle insistance ? Pourquoi nous lancer cette phrase au visage : Haïti, le pays le plus pauvre du monde ?

Si je me mettais à claironner sur toutes les places publiques, si je pouvais intervenir dans tous les bulletins de nouvelles du monde, en soulignant que le Québec a prouvé qu'il est le seul pays au monde où les hommes n'ont même pas le courage, ne serait-ce que de voter pour leur indépendance, comment réagiriez-vous ?

Comment vous sentiriez-vous devant une telle vérité systématiquement assénée ? Le Québec, ce pays où l'homme a peur de voter pour son indépendance.

J'en ai ras le bol de vous entendre dire, avec contentement, qu'Haïti est le pays le plus pauvre du monde, alors que grâce à ce pays le plus pauvre du monde, le Québec a pu :

1— mettre en place son nouveau système de soin de santé, dans les années 70, avec l'arrivée de plusieurs dizaines de médecins et d'infirmières venus d'Haïti.
2— Réaliser sa réforme de l'éducation, les CEGEP, grâce aux dizaines de professeurs et professeures, venus de ce pays le plus pauvre du monde.
3— Implanter sa deuxième université de langue française, les UQA, grâce aux professeurs haïtiens.

N'avez-vous pas honte d'avoir accepté ces intellectuels, ces médecins, infirmières, professeurs, dont vous n'avez pas financé la formation.

Ces femmes et ces hommes, venus du pays le plus pauvre du monde, ont formé nombre de vos enfants.

Soigné tant de vos malades ?

Encadré combien d'universitaires ?

S'il vous plaît, auriez-vous l'extrême reconnaissance quand vous parlez d'Haïti, de ne plus lui coller cette étiquette méprisante, « le pays le plus pauvre du monde » ?

Un grand merci et une splendide nouvelle année 2011.
Un ancien de la salle de rédaction de TV de Radio Canada

Anthony Phelps, Poète.

MS
Je viens de poster ton article sur le mur de « Communauté positive », j'espère que j'en avais la permission.
Belle journée à toi !

H F-L
L'honneur est à Me Anthony Phelps ; je ne vois aucun problème.

C'est plus facile d'être indépendant sous tutelle ! Au Québec, le Québécois est fier d'être Québécois, mais il n'ose être indépendant ; car l'Indépendance demande l'autonomie et la res-ponsabilité.

Le Québec, un pays francophone et Haïti, un pays francophile, ont tous les deux hérité le snobisme français. Mais, il y a une différence : la majorité québé-coise est fière de parler québécois et s'identifie comme Québécois, au moins entre eux.

L'Haïtien éduqué est fier de l'héritage français-colonial, et il s'enorgueillit dans ces citations montesquieusiennes qui débordent dans son vernaculaire du quotidien pour se faire accepter comme l'intellectuel qu'il est ou se pense être.

Le Québécois n'a aucun problème à véhiculer sa culture et sa langue ; ceci, dans n'importe quel milieu.

Le Québécois des régions non métropolitaines est semblable au paysan haïtien. Il est un peu discret à première vue, mais finit par montrer sa jovialité en temps et lieu. Il semble être raciste parce qu'il utilise des termes qui sont censés être diminutifs. À première vue, il identifie un Haïtien comme un « p'tit nègre », et il pense qu'Haïti est un pays de la brousse africaine.

Par contre, le citadin Québécois-Canadien est très proche de la culture américaine. De ce fait, il épouse la mentalité ostracisée des Américains et il accentue sur les faits qui lui semblent être des facteurs de rehaussements. L'insulte psychologique de l'Haïtien est un moyen de contrarier ce qui a été réalisé dans les années 1791-1803, et célébré le 1er janvier 1804 – le renversement de l'Ordre Mondiale.

Il est bon de rendre le colonialisme responsable de la défaite haïtienne. Mais, considérant le fait que Haïti ait produit tant d'intellectuels, n'est-il pas tant que l'on remette en cause notre décadence ?

J R A

Je n'ai jamais eu de chagrin, qu'une heure de lecture ait dissipé, disait l'autre. Merci de me tirer du chagrin.

B D

Nous avons besoin beaucoup plus d'Anthony Phelps chez nous. Dis donc, il a des couilles celui-là ; très sincère et véridique !

M C

Oui ! J'ai le cœur déchiré de lire cela. Doublement déchiré ou d'un côté il y a une telle fierté de voir tout ce que les Haïtiens font et de l'autre, tout ce que le pays subit. Mais d'où suis-je ? Avec une vision peut-être courte ou mauvaise, je crois bien que si Haïti n'est pas le pays le plus pauvre du monde, il est aujourd'hui le pays le plus accablé du monde. Le dire ou ne pas le dire ?

M S D

Le poète Phelps s'est révolté et comme lui, j'en ai marre de nous entendre appeler le pays le plus pauvre du monde. NOUS LE SAVONS TOUS. Mais, nous savons aussi que « les civilisés et les riches » ont profité de notre misère pour utiliser à peu de frais le savoir de nos intellectuels et techniciens formés par notre chère patrie. Nous savons aussi que les sous-privilégiés académiques de notre pays sont mis en prison et doivent lutter contre l'injustice des bureaux d'immigrations ou travailler dans des conditions inhumaines dans les champs de canne à sucre du pays voisin. Nous voyons chaque jour à nos yeux les richesses du monde : soit en Amérique en France, au Canada ou au Vatican. Bien sûr, ces étrangers-là ne sont pas les seuls responsables de nos déboires, car nos dirigeants corrompus avides de pouvoir et d'argent ont ouvert les veines du pays et ont laissé partir une grande part du cerveau haïtien et de ses muscles. L'hémorragie est profonde, mes amis !!!

C S
Pauvre ou accablée, peu importe, notre situation socio-économique a fait le bonheur des autres. Graham Green a raison d'écrire les comédiens numéro II et III.

M S D
Mais malheureusement, la comédie n'est pas finie, car les vannes du pays resteront ouvertes pendant longtemps. Les enfants de la « rue » et les enfants de « salon » ont dit à la télé l'autre jour qu'ils ne peuvent attendre le moment où ils pourront laisser le pays, soit par bateau soit par avion. C'est vraiment triste.

P J
Si la richesse se mesure d'abord en ressources humaines, dire d'un pays qu'il est pauvre, c'est faire preuve de pauvreté d'esprit.

B F
Bien dit, Paul !

Y F
C'est un leitmotiv enraciné dans un mépris séculaire. C'est aussi une diatribe doucereuse d'obole impatronisée en conflit avec ce credo qui ne veut point objectiver la valeur et l'apport historiques des Haïtiens, depuis le temps des luttes de Simon Bolivar, jusqu'aux confins de l'Afrique maternelle du Sénégal, du Congo (Zaïre) en passant par les exodes fructueux de labeur pour les États-Unis, l'Europe et le Canada.

« Haïti, le pays le plus pauvre du monde » ! Le sarcasme mondial, parfois intentionné, pour nier en tout et partout le degré et la pesanteur de participation d'illustres hommes forgeurs d'âmes, de consciences et de quintessence humaniste.

L'Haïtien trime partout et participe de façon brillante à l'édification des structures progressistes de pays hôtes ; pourtant, reconnaitre simplement ce fait s'entache d'un sarcasme, d'une ironie mordante que seule une analyse psychologique profonde devrait clarifier.

Oui, Anthony, le cœur de l'Haïtien est profondément humaniste et il nous peine de savoir qu'aux yeux du monde, Haïti demeure entaché, malgré le sceau d'un ostracisme verbal qui se veut tacite et profond dans l'idée, le leitmotiv « Haïti, le pays le plus pauvre du monde ».

A V

Nous avions pourchassé les Espagnols, les Français, plusieurs commissions civiles sont tombées sous nos mains.

Nous avions déclaré la guerre au Japon pour supporter les États-Unis, nous avions aussi fait le même geste en déclarant aussi la guerre à l'Allemagne et l'Italie.

HAITI : « À cause de ses richesses naturelles, de sa fertilité, de la douceur de son climat, de l'incomparable beauté de ses paysages, a mérité d'être appelé la Perle des Antilles ».

Christophe Colomb a foulé le sol à Gunahani pour finir avec les Indiens arawaks qui vivaient paisiblement.

Il n'a pas eu la vie facile entre ses troisième et quatrième voyages pour finalement mourir dans la pauvreté.

— @Yanick : « Je garde encore mon petit manuel d'Histoire d'Haïti du Docteur J.-C Dorsaintvil dont le frère Archange nous avait bien expliqué que ce petit livre se propose de nous faire connaitre et aimer notre Pays.

Il disait aussi,

> « Vous serez heureux et fiers à parcourir les pages qui résument la glorieuse épopée et l'Indépendance Nationale » !

« Les méchants vos apprendront à détester le mal, les bons, à honorer la vertu. Nos Héros vous enseigneront la fierté patriotique et le prix de la liberté ; les efforts apostoliques d'un Las Casas, d'un Boutin, d'un Alexis-Jean-Marie Guilloux, la valeur de vos âmes au regard de l'éternité.

Aimez ce petit livre et soyez bien dociles aux leçons qu'il vous donne, conclut-il ».

Dans le plus profond de mon cœur, Haïti, restera la perle. Nous sommes libres et nous sommes fiers.

Restons fermes ; Haïti aux Haïtiens !

Merci Hervé pour ce rappel.

Merci à Me Anthony Phelps.

Merci à tous ceux qui ont commenté. Nous n'allons pas finir de nous battre, tant aussi longtemps que nos enfants et petits-enfants sachent qu'ils ont une histoire.

G B

La bonne nouvelle : nous sommes au bas de la liste. On n'a pas le choix que de progresser ! Maintenant, plus que jamais, c'est le temps de nous réunir et de mettre nous ressources dans le même plateau. Rappelons-nous que « L'UNION FAIT LA FORCE » !

MC

Christian, à titre d'information, j'ai écrit deux romans sur Haïti : « Présumée Solitude » parue chez Julliard en 1988 et récemment, « Le Printemps de la Fée Cassandre (un printemps haïtien) ».

P J

L'indignation sans action est pure émotion sans répercussion. Il faut une résolution, de la participation et, surtout, de la concertation. Il faut donner des gages et dépasser l'outrage. Bientôt les passions se tairont, et ce sera comme d'habitude.

Les gloires du passé, s'il en fut, appartiennent à nos aïeux. Que ferons-nous aujourd'hui pour écrire notre page de l'histoire d'Ayiti ?

6- PRESIDENT SWEET MICKY

Michel Martelly n'est pas qualifié pour être président en raison de son manque d'éducation, de compétence, de responsabilité, de crédibilité et de moralité. Il est un musicien professionnel ; pas un acteur. La seule raison pour laquelle vous lui demandez de devenir un acteur est parce que vous voulez séparer Sweet Micky de Michel Martelly. Ce qui, à mon avis, est du Kool-Aid pour les nuls.

Un acteur est une personne qui agit dans une production dramatique et qui travaille en cinéma, télévision, théâtre ou radio. Prenons Richard Pryor, par exemple, il est la même personne sur scène ou hors de la scène. Alors, vous voulez me dire que si Sweet Micky cambriole une banque la Police n'arrêtera pas Michel Martelly.

Wilner Nau

M M
Wilner, j'espère que tu ne vas pas te fâcher parce que je n'ai pu résister à publier ton texte sur une de mes notes tout en respectant ta signature bien sûr !

Par un tour de passe-passe incroyable, la perversion la plus abjecte, la vulgarité la plus obscène sont devenues en Haïti les « qualités » les plus attrayantes. L'individu le plus ignoble devient la coqueluche d'une jeunesse avide d'un changement à rebours et engagée à corps perdu dans la politique du pire[7].

R L
In extremis, le soliveau a été écarté, laissant ainsi sa place à un personnage scatologique ; adulé par plus d'un, on lui prête déjà les qualités d'un messie. Mais à vrai dire, cette adulation n'est que l'expression, le reflet de l'état d'âme de tout un peuple à la mentalité scabreuse.

S C
Pour raisonner, Michelle, c'est toute une culture, nous somme devant une situation que nous avons nous-mêmes fabriquée par l'absence de balise, pas d'élite, pas d'éclaireur, pas de modèle, le peuple très maladif, maintenant si nous voulons prendre notre responsabilité, faisons de sacrifices pour la nouvelle génération qui risquerait handicaper par nos actions non réfléchies.

Y F P
Sammuel, permets-moi de souligner que les partisans de Micky ne sont pas seulement de ce « peuple maladif » auquel tu fais allusion. Il y a bon nombre de gens soi-disant « éclairés » qui sont coupables de le monter à ce niveau quand il ne le mérite pas du tout.

---

[7] http://www.cahiersdusocialisme.org/2011/02/09/elections-vers-un-retour-de-l%E2%80%99extreme-droite-au-pouvoir/

G L F
Triste à pleurer !!!

C E D
MM President; is a worst case scenario for Haiti.....

À ne pas confondre les jeunes du « lupem des bidonvilles » qu'on peut mobiliser aisément si on a de l'argent, avec la jeunesse en général. Il y a beaucoup de désinformation en Haïti et ce candidat dispose d'énorme somme d'argent qui lui permet de crever cette aura. Alors s'il est si populaire pourquoi seulement 4 % du l'électorat ont voté pour lui on ne peut ne pas tout répéter quand il s'agit de la presse Haïtienne. Les Statistics sont là pour le prouver, le personnage est un performeur, mais les chiffres ne mentent pas!

A M
Il est en effet un populiste qui envoie sur les portables le message qui consiste à dire : « si ou voté pou mwen sak diri a ap désann »!

E L
@ Michelle — La nature a horreur du vide ! Pendant que le pays se meurt, que l'on est décrié partout, qu'aucune solution n'est proposée, que l'on crie sur tous les toits, que l'on dénigre et que l'on dissuade les gens dans leurs choix. Moi, je m'en fous royalement à savoir qui sera président ; mais la seule chose qui m'importe à savoir, c'est celui qui sera élu. Sera-t-il en mesure de ramener les pendules à l'heure ? Point barre.

M M
@ Emmanuel — En vérité je ne peux pas dire que je m'en fou ! Mais, je suis d'accord que le président elu devra nous apporter quelque chose ; soit tout au moins une mise en place d'une structure amenant à un début de solution. Je vois très bien ce que tu dis !! Et je suis d'accord avec tes réclamations et ton cri !

@ Charles — Les réseaux d'intérêts sont les sources de manipulation. Elles sont souvent de la drogue ou des intérêts déjà établis qui craignent les changements. D'autre part, les promesses faites par exemple aux gangs et aux Forces armées rentrent aussi en jeu !

HH F

Si vrai, il nous faut aujourd'hui essayer de revisiter notre passe afin de pouvoir faire le jour sur cette affaire. Toutefois, aucun groupe ne reste exempt des « phénomènes de contact » de son propre environ-nement.

Aujourd'hui, le peuple haïtien semble être fatigué des signaux, du sophisme, des fausses promesses des hommes politiques et surtout et de l'amorphisme d'une élite intellectuelle et commerciale, qui a ses yeux, ne lui a rien foutu -- sauf de l'alcool a gogo, des mardi-gras et du rara à tout bout de champ, du faux emprisonnement et des bastonnades sans raison -- en échange de 25 années de démocratie, pourtant conçue typiquement à l'haïtienne. Cela me parait aujourd'hui tout à fait normal que des artistes comme M. Martelly, M. Wyclef, BC, Rockfam, Pi Diddy, Messy, Christiano Ronaldo, etc. résonnent 25 fois plus thérapeutes à ses oreilles que nos actuels politiciens. La vérité, ces gens-là lui enlèvent un peu de frustration à la tête.

HH F

@ Michelle — Je ne suis ni pour ni contre dans cette actuelle course. J'envisage que les 2 personnages en question, sans me soucier de leur passé, vont faire de leur mieux afin d'essayer de remettre notre pays natal sur un chemin plus éloigné de celui de Lucifer. Sinon, c'est la route de l'embouchure. Que des gens, comme toi et moi et tant d'autres Haïtiens conséquents de notre situation, se coudent les épaules afin de supporter la politique du (de la) futur (e) elu (e) ! Personnellement, je ne cache pas un tel désir. Je servirai n'importe des deux si l'on me fait appel. Je ne ressens aucune crainte contre un essai, surtout s'il s'agit d'un programme objectif et continu.

M M
@ Hans — Décidément tu refuses d'écrire Mevs avec un V ! Peut-être es-tu persuadé qu'il s'écrit avec un W ? Tu dois savoir quelque chose chose !

HH F
Ma chère Michelle, je m'excuse. J'ai simplement agi par mégarde, et c'est devenu une habitude.

C E D
En Haïti on n'a pas un problème de président ; on a plutôt un problème d'institution ou les hommes sont les hommes avec leurs grandeurs et faiblesses. Ce sont des institutions fortes qui nous protègeront contre les chimères, les macoutes et consorts qui n'ont pas des présidents issus d'élections frauduleuses et quand je vois des gens aussi instruits que Mme Manigat accepte sans ambages de remplacer Preval comme la nouvelle marionnette des maitres de l'univers. Je comprends pourquoi le peuple n'a plus confiance dans la classe politique. Ils sont comme des prostitués prêts à tout pour accéder au pouvoir.

M M
@ CHARLES — C'est effrayant le nombre de personnes qui ne réalisent pas que devenir président cela devrait être une charge plus qu'une ambition. Tu as bien raison.

Je dois pourtant souligner que certaines personnes ont encore cette volonté de passer dans l'histoire comme des gens bien et je veux croire que c'est ce sentiment qui anime Madame Manigat, puisque à son âge, ce serait la normale !!! ----???

C E D
Je serai prêt à supporter Mme Manigat mon ancien professeur de droit à l'HINAGHEI, mais je ne pense pas qu'une personne de sa stature aurait du participé à une telle mascarade qui ne va que créer beaucoup plus de problèmes que de les résoudre.

M M

Soyons honnêtes, les élections se poursuivent parce que ne pas les tenir pourrait prolonger le fiasco. Et si l'on avait une chance de s'en sortir et si elle arrivait.

Enfin, tu peux m'appeler naïve, mais Edgard Morin le philosophe français qui vient d'écrire un livre et, est d'un certain âge pour ne pas dire d'un âge certain, a dit qu'il faut continuer à chercher l'inespéré et que l'homme est en général dans cet état d'esprit et c'est pour cela qu'il trouve une chance de s'en sortir.

Il a parlé de la guerre quand les nazis étaient au top et que voila qu'est advenu un changement inattendu en la participation des É.U. dans la guerre et la victoire des Russes sur les Allemands.

J J

Et maintenant les cerveaux en panne d'idée commencent à imiter le performer qu'on critiquait pour avoir utilise le Hi-tech en campagne, ce qui est inacceptable aux yeux des bien pensants incapables d'innovation. Superbe comédie d'entendre Myrlande chanter pour la Saint Valentin afin de séduire !

C E D

Les élections se poursuivent parce que Ms Clinton Proconsul d'Obama pour Haïti a donné l'ordre à Preval et consorts de poursuivre sur cette voie sous peine de sanctions. Imagine une telle mascarade en Espagne ? Seuls les Haïtiens pourront accepter ce laxalitf qu'on nous force sous la menace de sanction. Il n'y a plus d'Hommes dignes de ce nom dans ce pays.

HH F

@ Michelle — Je te mets responsable d'organiser un « fonds d'élections de la Diaspora ». Ainsi, toutes les classes haïtiennes, vivant à l'étranger, seront fières de pouvoir être les « bailleurs de fonds des élections présidentielles » de leut terre natale. Ce qui nous permettrait d'exclure les voix et les dictats des étrangers dans nos petites querelles intestines. Toutefois, j'aimerais observer un amendement de la constitution de l'année 1987 durant ces 5 prochaines années de gouvernance au pays. On peut commencer par là au moins.

J J

Ils ont gardé le peuple dans l'ignorance, maintenant ils crient que ce peuple n'est pas digne de l'autodétermination. Haïti sera le tombeau de tous ceux qui croient pouvoir installer un régime de privilèges ou d'exclusion. Clinton est en train d'échouer ! Dites-moi, il n'a pas d'expériences et il n'a pas de compétences, ou lui manque-t-il de capacités ? Si vous croyez que vous pouvez faire un pays sans le peuple, vous commencez à peine à vous enfoncer le doigt dans l'œil. L'avenir d'Haïti passe par son peuple, quel que soit son niveau.

Des gens qui n'ont aucune affection et qui n'ont jamais été attirés par les conditions d'existence de ce peuple peuvent tout essayer ; ils échoueront tous, parce que pour réussir, il faut être avec les gens, auprès des gens, pas au dessus.

Je n'oublierai jamais ce Dessalines qui par la volonté a gagné contre les meilleurs militaires des meilleures académies de l'Europe. Cela a été possible par la volonté et par l'amour. Haïti a besoin des gens avec un sens humain plus élevé et plus touchant !

M M

@ Charles – Ton avant-dernier commentaire est une évidence ; et c'est déjà fait. Il est trop tard.

@ HARRYHANS — Comme tu sais, je crois que les lois internes doivent être modifiées pour pouvoir permettre une avancée et en priorité. Agir sans structure et individuellement est louable, mais une fois qu'un malotru aura décidé de venir prendre avantage, il aura le dessus.

In other words, once somebody is president in Haiti, he becomes like a king, and his family is the royal family.

K J D
Nous devrions normalememnt deman-der la remise des elections. Pourtant cela peut nous amener à demeurer ou à tomber dans une continuite de gabegie pour maintenir le status-quo.

Je ne sais pas si je m'exprime assez clairement pour que tu voies distinctement ce que je veux dire.

M M
Gina ! Effarant quand même, même si on l'a vécu. Ouf ! Merci, je lis avec plaisir !

G S
@ Michelle — Après avoir exposé les faiblesses et défauts du système politique et de la société en Haïti, comment conçois-tu l'avenir du pays ? En as-tu une vision claire ? La critique est aisée. Quelles sont tes propositions ? Il ne suffit pas de poser un diagnostic. Le malade (Haïti) est en quête d'un traitement. Quelle est ta prescription, s'il te plaît, Michelle ?

M M
@ Guillaume — Je me sens très mal à l'aise pour partager avec toi mon point de vue puisque je crains que ton poste soit une sorte de réponse sarcastique à mes propos. Je suis persuadée que tu as ton idée là-dessus vu ton prestige et tes capacités (ceci dit sincèrement). Alors pourquoi ne partages-tu pas tes idées que je prends très au sérieux sans fausse modestie de ma part !

Je crois que l'extrême courtoisie est de mise parce qu'ici il n'y a que de la bonne volonté et une volonté de partager. Libre à toi de voir !

G S
@Michelle - Je n'ai aucun intérêt à prendre en partie qui que ce soit. Chacun est libre d'exprimer son opinion dans un forum ouvert à l'univers. Je considère cette question

de couleurs comme révolue et dénuée de fondement. Elle a été traitée sous des aspects différents par tant d'auteurs compétents en la matière depuis la nuit des temps c.-à-d. bien longtemps avant l'indépendance d'Haïti et à plusieurs reprises de 1804 à nos jours, au fond sans aucune conséquence positive pour l'évolution du peuple haïtien, Louis Josef Janvier, Dr.Price Mars , Jacques Roumain, Jean Brière, Philippe Thoby Marcelin, Carl Brouard, Émile Roumer, Roger Gaillard, Lorimer Denis, Clément Magloire Saint-Aude, Dr.J.C. Dorsainvil, Dr François Duvalier, René Piquion par exemple pour n'en citer que quelques-uns.

Sans arrière-pensée et sans aucun ton sarcastique, je voulais tout simplement te suggérer de passer à un autre sujet après avoir répondu à mes ques-tions suivantes : comment conçois-tu l'avenir du pays ? En as-tu une vision claire ? Quelles sont tes propositions concrètes ?

Par ailleurs appliqué à la démographie haïtienne,le mot « créole » dans son sens historique n'est employé d'habitude que pour établir une différence d'une part entre les « Bossales » c.-à-d. les « Nègres » nés en Afrique et les « créoles » c.-à-d. les nègres « nés à Saint-Domingue » et d'autre part pour distinguer les Français de la Métropole de ceux ou des autres Blancs « créoles » nés en Haïti par exemple ti -Corn. La créolisation dont parle Glissant a sur plan littéraire et culturel un sens tout à fait différent et pourrait faire l'objet d'un autre débat.

Prétendre que tous les Haïtiens sont des Créoles à partir de 1804 est une ineptie purement et simplement. Au cours d'un débat sérieux, il convient de se limiter strictement au sens générique ou à l’étymologie des termes employés. C'est à mon avis la seule base logique de toute communication.

J R A

Des mots qui dérangent. Heureusement que la vérité n’est pas de matière. Sinon certains essayeraient de l’emprisonner, la tuer ou la bruler.

M M
@ Guillaume – « Je considère cette question de couleurs comme révolue et dénuée de fondement ». Justement, voilà où nous divergeons : moi, c'est tout le contraire, je crois que l'on n'a pas encore fini d'en parler puisque le racisme continue en Haïti parce qu'il est encore un socle pour les politiciens.

Par un tour de passe-passe incroyable, la perversion la plus abjecte, la vulgarité la plus obscène sont devenues en Haïti les « qualités » les plus attrayantes. L'individu le plus ignoble devient la coqueluche d'une jeunesse avide d'un changement à rebours et engagée à corps perdu dans la politique du pire

St F M
Ce serait imédiatement l'élimination du Parlement.

HH F
Assez ! C'est assez ! Que la bataille s'engage et le meilleur parti gagne !

7- LA COULEUR DU PANTALON DE SWEET MICKY

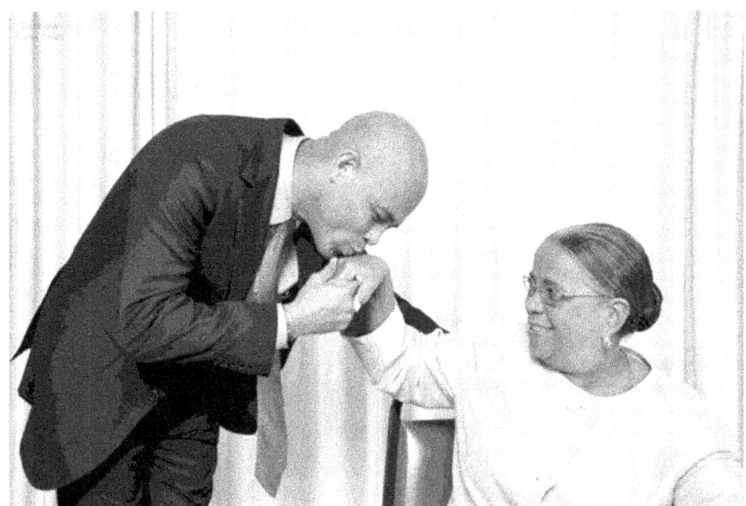

http://nlaq.com/2011/04/04/michel-martelly-haiti-election-winner_n_479.html

Honneur,
Il est étonnant que devant la menace représentée par la profanation du sacré, l'on gaspille tant de salives et d'encre pour critiquer une phrase se référant au pantalon de M. Martelly. Il serait de mise d'élever le niveau du débat dans un certain respect de soi et une recherche d'harmonie.

Il est en effet plus que temps d'aller de l'avant. Haïti pourra rêver en rose ou en multicolore quand nos enfants seront à l'abri du viol.

Marie Alice Théard

F M
MAT, si vrai --- je t'apprécie.

W D L

Oui, mais, s'il est admis que l'interprétation d'un discours doit passer par la prise en compte de certains facteurs notamment celui qui le prononce, je pense que l'on a quand même le droit de questionner la phrase de l'homme d'Église quand on sait que Sweet Micky a été une image moralement controversée. Certes, très souvent, le manque de culture des gens les empêche de sortir du niveau superficiel des discours, mais dans ce cas précis, je crois que le questionnement de cette phrase n'est pas vain. Encore une question de conservation de ce qui est sacré.

S W P

Non Madame ! Il ne s'agit pas d'une simple « phrase se référant au pantalon », mais d'une incitation à une anachronique posture musclée et quelque peu délinquante pour soi-disant faire avancer (vers l'abime très probablement) les choses au niveau politique. Cela indique clairement les options antidémocratiques d'un prélat somme toute peu habitué à la démocratie ; car, comme l'avait rappelé un ex-nonce apostolique en Haïti, l'Église est une Théocratie et non une Démocratie.

Certes, nous devons condamner l'intolérance sous toutes ses formes (religieuses ou autres), ainsi que les actes de vandalisme innommables perpétrés à la Cathédrale du Cap ; mais nous devons être prompts à signaler la complaisance d'un haut dignitaire de l'Église qui semble verser dans une certaine immoralité en indiquant la Délinquance comme voie à suivre pour sortir Haïti du trou ou elle se trouve. À noter que pareille attitude, une telle posture sonnera bientôt le glas de l'Église Catholique d'Haïti en tant que force morale, « au-dessus des partis » et des clans si jamais il reste à cette Église une crédibilité certaine.

Cette phrase au sujet d'un certain pantalon (ou plutôt d'une certaine « jupe ») est d'autant plus regrettable que Mgr Kebreau pose avec une certaine clairvoyance dans tout le reste de l'interview indiqué de judicieuses pistes de réflexion sur qui nous sommes vraiment en tant qu'Haïtiens et nous invite à nous interroger également sur où nous voulons aller avec Haïti ? Dommage, dommage !

L'esprit partisan rend toujours aveugle et nous fait perdre souvent toute rationalité et nous jette dans le gouffre de la démesure et du délire pseudoloufoque. Mais combien triste quand on prend la mesure de la détresse nationale et du désarroi de tous.

En final, dans l'optique de la convocation de Grands Débats Nationaux en vue de poser les problématiques liées à notre existence de Peuple Libre et Digne et à l'Avenir de la Nation. Comment l'Église Catholique d'Haïti (qui prétend travailler à une proposition en ce sens pour le mois d'octobre 2011) pourra-t-elle jouer convenablement et efficacement un rôle de facilitateur et d'arbitre quand le président de la Conférence Épiscopale a carrément pris parti pour ce qui s'apparente de plus en plus à un clan ?

C'est vrai Madame, il est grand temps d'aller de l'avant, mais pour se faire il convient d'admettre que Mgr Kebreau (même s'il exprimait spontanément et surement très naïvement un état d'âme personnel) a commis une énorme bévue en prononçant cette petite phrase si lourde d'implications et, qu'il doit donc, s'il convient de clore cet « incident », rectifier sans maquillage ; et il doit donc avoir l'humilité de s'excuser au plus vite.

J F M

Well. It's about time to fire up Mr. HFL.

M J

Une autorité ecclésiastique nostalgique du macoutisme a abaissé le débat au-dessous de la ceinture du président pour raviver le pouvoir À VIE ! C'était le cri de la foule quand le Président marchait dans les rues du Cap Haïtien !! O François Duvalier ! Quand tu nous tiens !

A V B

« Revêtir son charisme d'antan » aurait certes été plus élégant à dire. Voilà ce qui se passe lorsqu'on essaie d'adapter son langage en suivant une mode qui ne sied pas à tous. Tout s'apprend ; et les expressions populaires ne peuvent certainement pas être traduites littéralement.

F H

Let's think about the hungry, deprived children in Haiti. There are so many orphans. Discussion sur la semantique n'a rien à voir avec les besoins pressants de la population. Kite gran nèg pran plezi yo ! Jusqu'ici, je n'ai jamais entendu un cri pour les victimes du 12 janvier. Juste un peu d'humanisme ; Peace !

S W P

Vous n'avez « jamais entendu un cri pour les victimes du 12 janvier ? » Vous vous êtes donc bouché les oreilles durant les 19 derniers mois FH ? Ces cris fusent de partout pourtant, Madame FH. C'est justement la raison (le sens) de tous ces débats qui invitent aux luttes claniques afin de poser les problèmes fondamentaux de notre Société malade et pouvoir enfin nous consacrer à la libération des opprimées telle que cela est dit dans Luc 4 v18-19. Chaque jour j'observe dans quel dénuement extrême trainent par terre, tels des animaux abandonnés, les enfants et bébés d'Haïti dans plus de 1000 camps de la zone métropolitaine de Port-au-Prince. Ça c'est la vraie Profanation du Sacré, car la Vie seule est sacrée.

Mais cette profanation-là, tous ceux qui roulent avec de grosses carapaces comme des extra terrestres dans leur propre pays (en grosses 4X4 aux vitres teintées et/ou blindées), ils ne la voient pas. En fait, le problème du blindage des vitres n'est pas vraiment un problème, il faut bien se protéger, le grand problème c'est le blindage du cœur et la distance que l'on prend avec la population pour laquelle on prétend pourtant lancer de grands cris en faveur de la Réconciliation, de l'Entente et de l'avancement du pays tout en faisant de petits clins d'œil aux méthodes musclées (dictatoriales) qui ont jadis créé les conditions propices a tant de crimes (et de toutes natures : financiers, de sang et politique). Madame FH, nous ne parlons pas de sémantique, nous parlons d'Éthique politique et de Vision de Société.

W D L

De toute façon, la référence à Sweet Micky est pernicieuse dans la perspective analogique que l'homme d'Église ait faite. La fougue de Sweet Micky lui permettait de gérer un groupe ; somme toute, un clan ou aujourd'hui le président de la République qu'il est devenu par la force des choses et par cette logique surréaliste qui dépasse l'entendement humain au sens où elle est difficile qu'elle devienne un objet de savoir compréhensible. Il est appelé à diriger un peuple qui est une cohabitation de subjectivités ayant des intérêts divers qui acceptent de déferer une partie de leur liberté par la reconnaissance des autorités d'un État qui les représente. Donc, être président ne renvoie pas seulement à un état de fait, mais à un symbole fort qui doit être justement un symbole moral et non cadré à une quelconque qualité d'un Sweet Micky.

H F-L

Qu'est-ce qui est « La Morale » en Haïti ?
— Tous les Haïtiens (ou presque) mariés qui trompent leurs femmes ;
— Toutes les femmes (ou presque) qui se cherchent un butin d'un homme riche ;
— Tous les politiciens (ou presque) qui choisissent une carrière en politique pour s'enrichir le plus vite que possible ;
— Tous les intellectuels (ou presque) qui utilisent leurs savoirs pour manipuler ceux qu'ils peuvent ;
— Tous les religieux (ou presque) qui se cachent derrière une soutane ou une Bible prêchant au peuple de haïr leurs ancêtres ?
— Et, finalement, la grande majorité de la population qui accepte de vivre dans cette poubelle !

J'aimerais finalement pouvoir obtenir une définition de la moralité haïtienne !

R M

Si la moralité haïtienne n'existe plus, comment donc la définir ?

S W P

Je ne puis répondre pour l'instant à cette question, faute de temps et c'est une problématique qui demande mûre réflexion et peut être même moult réflexions. Néanmoins, sans vouloir être inquisiteur, j'estime que votre manière complaisante et à la va-vite de généraliser et d'uniformiser certains travers de notre société et de notre commune Humanité en somme (je ne vais pas pointer ici du doigt ni celui qui caressait le cresson de Monica à la maison blanche, ni un DSK, ni un Berlusconi ni tout un chacun de nous peut être à certains moments de nos vies) peut tendre à banaliser toutes sortes de crimes et de travers et favoriser de manière pernicieuse, subtile l'Impunité, la délinquance sans bornes et la perte du restant de valeurs qu'il nous reste.

Oui, en Haïti, au-delà de notre délabrement mental et physique qui influe négativement sur notre intellect, notre esprit et notre moral, certainement nous gardons encore de nombreuses valeurs. Notre Société comme toute société civilisée et organisée (en dépit du fait qu'elle soit en état de déconfiture avancée) a une échelle et des codes de valeurs. Et ces valeurs sont à sauvegarder. Les valeurs se gardent, se préservent et se construisent aussi. C'est vrai que les mœurs se dégradent et bien sûr pas seulement en Haïti, mais le monde fait aussi des avancées et en Haïti aussi. Si étonnant que cela puisse paraitre, nous aussi nous avançons, malgré tout vers notre quête d'une plus grande Humanité.

Ce discours visant à tout niveler vers le négatif en mettant tout le monde dans un même panier d'oranges pourries ou de matières humaines en putréfaction à quelque chose de très pervers et de très dangereux. J'ai beaucoup entendu ce discours dans les années qui ont suivi le 7 février 1986 ou certains responsables ou « autorités » sous prétexte de prôner la « Réconciliation » et la pseudo bonne entente entre Haïtiens prônaient (et ils ont bien réussie) qu'on ne pouvait pas juger les macoutes criminels ; car dans ce pays, « tout le monde est ou a été macoute ou a un parent ou un proche qui est macoute ». ! Cela me fait penser à l'ex-premier ministre de facto Gerard Latortue, quand certains journalistes lui demandaient quelles suites serait donnée au rapport contre la Corruption produit par l'équipe de Paul Denis, qui eut à répondre que pratiquement on va mettre ce dossier dans les tiroirs, car « la Corruption d'État en Haïti est comme un plat de spaghetti, quand on tire une branche, toutes les branches viennent vous trouver ».

Comment Monsieur un intellectuel de votre triture peut-il colporter de tels ragots sur le fait que la moralité haïtienne n'existe pas. Cela m'étonne de vous, vous traverser surement un moment de dépit terrible, de découragement extrême qui vous aveugle et vous empêche de voir et de songer, momentanément j'espère, aux valeurs et personnes de grande beauté morale que nous retrouvons dans notre chère Haïti si vilipendée même par ses propres fils. J'espère qu'après avoir été certainement trop vite en besogne en rédigeant ce « post » de dénigrements vous songerez aux femmes et hommes de ce pays, retrouvés le plus souvent dans les couches les plus humbles de notre société qui luttent pour élever, dans une misère extrême, mais dans une certaine dignité, leurs enfants sans se prostituer et ayant pour seule boussole ces valeurs qui selon vous n'existent pas ou n'existent plus. Détrompez-vous monsieur, en dépit des apparences, les honnêtes gens sont encore légion en Haïti, mais ils ne font pas de bruit et c'est peut-être pour cela que vous n'arrivez pas à les détecter.

Vos assertions, que je me garde de qualifier d'élucubrations au regard de l'intellectuel respectable que vous êtes, sont méchantes et offensantes pour tous nos compatriotes qui incroyablement et peut être même quitte à démentir saint Augustin qui aimait à dire « Qu'il faut un minimum de bien-être pour pratiquer la vertu ». Bien sûr, ils ne vous tiendront pas rigueur. La grande majorité d'entre eux n'ont pas les moyens d'accéder à l'Internet et à Facebook et donc ne peuvent pas vous lire. Et puis, ils ont été si souvent exposés, dès leur prime enfance, à tant de calomnies, à tant de médisances, qu'ils sont à mon avis maintenant tout à fait immunisés. Mais avouez, Monsieur, que cela fait mal tout de même qu'une si grande intelligence en arrive à perdre ses repères et un certain bon sens. Reposez-vous un peu et bientôt vous verrez la réalité avec toutes les couleurs de l'arc en ciel, c'est-à-dire ni toute rose, ni toute grise !

H F-L

Mr Phelps, je n'ose dénigrer qui que ce soit puisque j'ai bien mis entre parenthèses l'adjectif (ou presque). Je connais des gens de bien en Haïti et en diaspora haïtienne. Je connais en quantité des Haïtiens ayant des valeurs incontestables. N'empêche que la réalité est ce qu'elle est. En général, l'on aime pointer du doigt en oubliant ce que nous faisons dans nos murs.

Et, merci pour ces conseils : « reposez-vous un peu et bientôt vous verrez la réalité avec toutes les couleurs de l'arc-en-ciel, c'est-à-dire ni toute rose, ni toute grise ! »

S W P

Vous me rassurez beaucoup ! C'est vrai ; je vous le consens. Vous avez bien mis « entre parenthèses l'adjectif (ou presque) » comme vous dites et de fait j'ai peut-être été un peu trop incisif avec vous. Mais c'est que comme je vous l'ai dit, ce genre de discours qui tend à généraliser le négatif me révolte à tous les coups ; c'est plus fort que moi.

En fait même, si nous vivons actuel-lement dans une société ou les mœurs sont déliques-centes, croyez-moi, beaucoup de gens résistent encore et au prix de sacrifices surhumains et de privations multiples. Je suis très content que vous ayez la chance d'en connaitre aussi beaucoup, de ces Haïtiens et Haïtiennes-là, fier(e)s et dignes. De ce fait au lieu d'uti-liser la forme : « tous les Haïtiens (ou presque) mariés qui trompent leurs femmes » ; il conviendrait peut-être mieux d'utiliser la forme : « dans certains milieux, se targuant d'être respectables, de plus en plus nombreux sont les hommes mariés qui trompent leurs femmes ». Quoique « tromper » sa femme est un jugement moralisant qu'il conviendrait d'analyser aussi et qui est plein d'hypocrisie. Bon ça c'est encore un autre débat.

Alors ne jugeons pas, essayons de comprendre et ne nous prenons pas trop au sérieux, car nous les humains nous sommes tous les mêmes avec nos bontés et nos travers et pour vous saluer amicalement et vous détendre un peu, voici une petite blague et qui ne vient pas d'Haïti, car chez nous, nous sommes si accueillants que les portes restent le plus souvent ouvertes du moins quand il ne fait pas encore nuit :

Un gamin demande à son père :
Papa, quand maman écarte les jambes, tu vois quoi ? Le père répond, les portes du paradis.
Le fils dit alors : et toi, tu as quoi entre les cuisses ?
Le père = la clé de la porte du paradis
Le fils = alors un conseil papa, changes la serrure parce que le voisin à un double

H F-L

Merci pour la forme d'écriture moins avilissante que tu suggères : « de plus en plus nombreux sont les hommes mariés qui trompent leurs femmes ». Ma conjointe m'aurait fait la même remarque !

W D L

J'éprouve énormément de plaisir pour participer à ce débat même s'il me semble être un dialogue entre Mrs HFL et SWP, mais je voudrais assumer mon intrusion et casser le rythme du dialogue en empruntant la logique des Grecs de l'antiquité qui ont toujours posé que le dialogue, loin d'être une parole à deux doit être plutôt perçu comme étant une parole libérée.

Le jeune que je suis à comparer à vous et ayant le désir d'apprendre, je voudrais préciser au titre qu'aucune morale n'est générale. Il est tout aussi incongru d'analyser la morale d'une société à partir d'une grille arbitrairement choisie mettant en relief une partie insignifiante de la population. L'on risque de perpétuer la même erreur d'analyse commise en Histoire qui est toujours l'histoire des dirigeants. Que des hommes trompent leurs femmes n'est pas à proprement parler un problème moral parce que justement l'infidélité est une action singulière au sens qu'elle doit être perçue dans un rapport de soi à soi. De plus, nous devons éviter de qualifier d'immoral ce qui l'est dans une perspective somme toute occidentale que la majorité de la population accepte de vivre cette situation infrahumaine.

Cela renvoie plutôt à une question d'éducation qui devrait permettre la culture de l'incrédulité face à ce qui est inacceptable. Donc toute morale dépasse le simple cadre du rapport de soi à soi et doit être comprise comme étant une éthique de la responsabilité et de l'engagement par rapport à ce que l'on fait dans le rapport global que nous avons avec les autres. Je ne suis pas marié, mais si c'était le cas en restant fidèle à ma femme ce n'aurait pas été à mon avis un acte moral, mais plutôt un acte conforme à une éthique personnelle par contre négliger l'éducation de mes enfants en préparant d'éventuels délinquants ; cela aurait été immoral.

Parlant de la morale, nous devons à mon sens éviter toute morale de l'hypocrisie donc on reste en couple même s'il est évident que l'on ne s'aime plus. Ceux qui restent dignes comme le souligne Mr SWP ne sont pas à mon avis des gens moraux, mais des gens conséquents avec eux mêmes. À la question définissant la morale haïtienne posée par Mr HFL, je voudrais tenter de répondre avec le philosophe EMMANUEL KANT et dire que la morale est la conscience d'un devoir collectif donc encore le problème de l'éducation.

S W P

Merci WDL de partager votre point de vue et de me permettre par ailleurs de rebondir sur un point d'importance sur lequel j'avais omis de me prononcer. Pour rebondir, je vous cite : « que la majorité de la population accepte de vivre cette situation infrahumaine ça renvoie plutôt à une question d'éducation qui devrait permettre la culture de l'incrédulité face à ce qui est inacceptable ».

En fait, les couches marginales, marginalisées, les parias de notre société si injuste (que je qualifie toujours « d'apartheid caribéen ») acceptent-ils leur infrahumaine condition ? Vous le pensez réellement ? Ont-ils vraiment le choix ou ne sont-ils pas plutôt contraints à vivre comme des animaux, des animaux abandonnés contraints de multiples manières : muselés, réprimés, exploités jusqu'à la moelle, trahis, bernés, désabusés, obligés de se prostituer de multiples manières ou de voir leurs enfants se prostituer pour pouvoir survivre et subir un continuel avilissement : être dénigrés, sous-valorisés, terrorisés et donc vivre avec la peur et finalement se transformer, se muer en zombis.

Ces opprimés transformés en sous-hommes et en sous-femmes sont le produit d'un long processus de déni d'humanité. Même quand il peut arriver qu'ils aient pu bénéficier d'un faible niveau d'éducation formelle (car ils détiennent, même pour les plus de 50 % qui sont analphabètes, un savoir et un savoir-faire empirique), ce n'est pas à mon humble avis le faible niveau d'éducation seul qui explique leur apparente résignation que l'on peut qualifier injustement et suite à une analyse hâtive d'acceptation.

L'esclave n'accepte jamais ses chaines, l'opprimé n'accepte jamais son exploitation et/ou sa marginalisation ou sa sous-valorisation. Leur condition humaine est la même, ils ont des sentiments, des désirs, des rêves, même si leurs conditions matérielles d'existence sont terribles et inacceptables. Nous tous qui sommes soumis à moins de contraintes (car nous tous en avons) rappelons que nous avons le devoir de contribuer dans les limites de nos possibilités à la libération des opprimés. Nous pouvons le faire au niveau de l'éducation, nous pouvons le faire dans tout autre domaine ou nous pensons pouvoir apporter une contribution positive. Alors, comme j'aime à te dire d'un reporter de la RFI que j'écoute de temps en temps : « continuons à travailler à la beauté des choses » et n'oublions pas que « chaque jour est une vie ».

Nous avons donc amplement le temps de contribuer par de petites actions quotidiennes à l'avancement de l'Humanité et à l'avènement d'un monde meilleur.

W D L

Pour commencer, je dois vous dire Mr SWP que j'apprécie très franchement votre niveau d'écriture qui, malgré le fait qu'elle fasse la mise en relief de certaines laideurs de notre vie de peuple, a un niveau très soutenu d'esthétique. Mais, je voudrais manifester quelques points de désaccord par rapport à votre pensée.

Pour commencer, je voudrais reprendre une phrase qui a marqué ma jeunesse estudiantine, une phrase dite par Victor de Schoelcher, un abolitionniste français : « dès que l'on met l'homme dans une situation qui ne peut convenir qu'à la bête, il ne lui reste qu'à se révolter ou à succomber à la bestialité ». Il est évident que la population décide volontiers de suc-comber à la bestialité. Il est très tentant d'adopter dans une perspective phénoménologique globale une socio-logie générale pour expliquer un phénomène de société, mais vous me concéderez, Mr SWP, que l'échec des sciences dites humaines réside dans le fait qu'elles s'entêtent à expliquer l'homme comme étant un objet de société en oblitérant ou en oubliant que l'homme est avant tout une liberté qu'on ne saurait comprendre à la lumière unique d'une détermination sociale.

Comme vous le dites si brillamment, si la population continue d'avoir des rêves et des désirs malgré la merde de leur condition matérielle, c'est parce que, à mon avis, nous participons à l'humaine condition qui nous détermine comme subjectivité universelle avant toute appartenance culturelle ou autre. En ce sens, sans vouloir négliger le rôle cuisant des contraintes de toute sorte et de toute envergure sur la population, je propose que cette population en particulier fasse preuve d'une soumission quelque peu incroyable. Car Mr SWP, il n'est pas toujours nécessaire que l'on nous enseigne le mal ! Nous sommes à même de le voir à sa première manifestation.

À mon avis, le danger de cette pensée qui tend à expliquer la soumission de cette population à cette misère noire par la mise en place d'une politique infernale d'oppression s'explique par le fait que cette pensée peut conduire à une victimisation et à la classification de l'Haïtien comme étant quelqu'un de dénué de ce souffle subjectif universel qui détermine l'homme en tant qu'il est, réduit à ce qu'il vit.

Mr SWP, qu'avaient les noirs de St Dominque sinon un système d'oppression qui s'évertuait systématiquement à contester leur humanité ? N'ont-ils pas fait la révolution ? À mon avis, ce sont la volonté et la conscience qui sont constamment nourries par l'extériorité entendue dans un sens très large.

L'homme possède aussi le JUGEMENT qui lui permet de déceler l'inacceptable partout où il se trouve et quelque soit la forme de prison imposée à sa réflexion.

Mr SWP, comment se fait-il que nous ayons la conscience d'un devoir de solidarité envers ceux qui tombent sous les bombes même si cette réalité nous est quelque peu étrangère ? De plus, que seraient les droits de l'homme si ce n'était l'humaine condition ?

Pour ma part, je pense que les Grecs de l'antiquité ont vu juste quand ils ont proposé que la cité soit JUSTE si tous ces membres le sont. Donc, il faut les éduquer en posant comme prémisse qu'ils possèdent fondamentalement et indistinctement la faculté de juger. Donc, l'homme est homme. Et en ce sens, accepter l'oppression c'est avant tout une preuve de soumission.

Vous et moi aurons beaucoup de mal à expliquer à quelques-uns d'une autre nationalité ce qui peut porter des êtres humains à accepter de vivre ainsi puisque l'argument qui veut qu'il se soit contraint à vivre ainsi ne tient pas la route. Que valent des rêves et des désirs s'ils ne sont pas l'aspiration d'un idéal de liberté ? Et cet idéal, Mr SWP, rien ne peut empêcher un être humain, fut-ce t-il l'éducation ou la contrainte, à le concevoir.

H F-L

@ WDL et SWP - Je prends plaisir à déguster vos lignes et voir que le dialogue interrompu par WDL est en pleine évolution avec l'ami SWP.

Il semble que vos reversoirs sont impérissables, alors je vous propose les deux, d'inscrire vos verbes dans les annales de l'écriture (si ce n'est pas encore fait).

Encore toutes mes appréciations pour vos partages.

S W P

@ WDL – J'ai bien lu tes commentaires, mais je ne peux pas encore réagir et pour l'appréciation d'HF-L ; merci. Mais, ce n'est pas pour demain, car je suis peut-être un peu trop « perfectionniste » pour considérer, pour arriver déjà à me convaincre de publier... Enfin, sauf de petits trucs de temps en temps pour me détendre comme des « posts » sur Facebook. Remarque que je peux tout de même me consoler à l'idée que Socrate, par exemple, n'a jamais rien publié.

En fait, cet après-midi, je suis en train de délecter quelques une de nos spécificités haïtiennes en suivant les échanges entre MJM et WDL et voir comment on peut répliquer quasi simultanément en français et en créole haïtien avec des points de vue apparemment polémiques qui au fond peut être ne le sont pas.

Je suis donc là à suivre ces deux-là comme quelqu'un qui serait à l'écoute de deux postes de radio simultanément : l'un émettant sur AM et l'autre sur FM.

W D L
Merci beaucoup SWP. Je peux vous donner l'assurance qu'aucun énervement ne fera jour de mes cotés, car je vis de débats.

Madame MJM répond en créole et je dois avouer que cest pour le bien du débat car le créole cest a mon sens a la fois la langue officielle et NATIONALE dans l espérance que madame ne vas daigner admettre que le francais est aussi une langue officielle ; car pour nous qui avons la possibilité de réflechir plus ou moins sur notre condition de vie, nous allons, j'espère, toujours prioriser la substance qui est en somme le logos sur la forme qu'est la langue.

La culture, madame MJM, a toujours une dimension trancendantale, ce qui fait que l'on ne saurait véritablement la renier. C'est a mon sens ce qui explique pourquoi ceux qui sont chrétiens dans la rue ou a leur boulot, sont vodouisants dans le secret de leur chambre.

L'effort que j'ai toujours essayé de faire et que vous faites sans le moindre doute aussi, c'est de ne pas m'en tenir uniquement aux faits tels qu'ils se présentent, mais de remonter aux sources en tenant compte de tous les indices empiriques et rationnels qui peuvent m'éclairer dans la compréhension des faits. Donc le vrai problème n'est pas celui de l'Église Catholique qui ne respecte pas le Vodou, mais à mon sens, celui de tout un large secteur qui paradoxalement défend le Vodou et qui donne à l'Église catholique les moyens de sa politique en continuant à imposer cette religion comme la seule référence en matière de culture et donc la seule qui nous permet de mieux nous occidentaliser, car on ne peut ignorer ici que plus on est occidentalisé plus on est cultivé.

Le sociologue Haïtien Jean Casimir parle de culture opprimée pour qualifier cette tendance à rejeter systématiquement tout ce qui reste des Bossals de Saint-Domingue, notamment le Vodou.

La culture dite créole que vous et moi, madame, revendiquons avec fierté n'est autre qu'un plagiat de la culture occidentale. Tant que nos écoles demeurent un lieu servant à creuser le fossé entre les enfants et leurs parents, tant que l'élite que nous sommes n'est pas à même de considérer le français comme étant un moyen de communication et non une étiquette sociale, car très souvent on le dit, mais au fond de nous, nous avons une certaine fierté de ce que nous soyons ; ceux qui peuvent le parler.

Bref, tant que l'éducation dans ce pays ne découle pas d'une politique culturelle forte qui freine cette hystérie collective qui nous guette à vouloir trop être l'autre, le Vodou sera toujours méprisé. Toute religion madame établit un double rapport vertical et horizontal entre ses adeptes : vertical dans la relation que ses adeptes entretiennent avec le sacré, et horizontal pour leur permettre de prendre conscience qu'ils appartiennent à une communauté dans laquelle ils sont frères.

La tolérance, madame, doit être le respect du premier rapport et donc, accepter que la relation avec le divin puisse être différente à chaque religion. Quant au second rapport, est-ce que tu t'es déjà demandé pourquoi les chansons du Vodou sont toujours polémiques ? Je n'ai pas la réponse, mais je pense que ce sont des questions auxquelles nous devons répondre.

Pour finir, je pense que ce n'est pas une victoire pour le Vodou si on le pratique en secret. Au contraire, il contribue même à perpétuer la colonisation par cette stratégie du marronnage. Je suis comme vous pour le respect de tous les symboles, mais je pense que nous n'avons pas à nous réjouir quand une religion a subi des actes de profanation surtout la religion catholique puisque c'est nous qui lui donnons l'arme de destruction du Vodou en lui laissant le soin de travailler la conscience de nos enfants.

S W P

Tu as salué MJM avec tant de « français », comme on dit chez nous. Il me semble qu'elle est partie.

Tu poses de telles questions qu'il serait utile de fouiller, mais comme déjà dit, ce soir je ne vais pas me fatiguer les méninges. C'est vrai que tu es un peu « boulimique » en écriture. C'est bien d'avoir tant d'énergie pour débattre, mais des fois aussi, pour capter un plus large auditoire il est préférable de synthétiser. Ce n'est pas mon fort non plus, mais il convient de faire un effort à ce niveau, car souvent cela facilite une communication efficace. Comme disent les sages et ingénieux paysans de chez nous, « Koupe kout pou mèt nan makout » !

W D L

Vous avez parfaitement raison. J'ose espérer que le débat ne s'arrêtera pas là, en tout cas.

Aujourd'hui est un congé national. Pourquoi ? Parce que c'est la fête de Notre Dame ; fête incontestablement catholique ! À quand un état vraiment laïque en Haïti ?

H F-L

C'est beaucoup plus qu'une fête catholique, W D. Le quinze août rappelle l'anniversaire du congrès du « Bwa Kayiman » aussi !

S W P

Le Rassemblement du Bois Caïman, c'était dans la nuit du 14 au 15 aout, mais cet événement déclencheur qui a été organisé il y a exactement 220 années de cela n'est pas à ce que je sache reconnu officiellement ou marqué d'une quelconque manière au niveau national. Le Concordat étant toujours en application, oblige et fait du Catholicisme la Religion d'État de fait d'Haïti, en dépit des prescrits de la Constitution de 1987 qui proclame la liberté des cultes et leur égalité et fait donc ou devrait faire d'Haïti un État laïque. Mais est-elle d'application ?

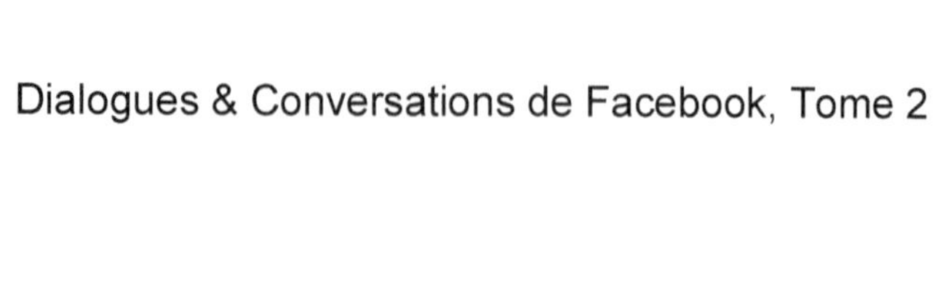

« La traite des noirs ‘blanchie’ et cautionnée sous l'égide d'un capitalisme mercantile ; pas étonnant ! Et ainsi va l'Histoire de l'exploitation raciale ou autre, en mutation constante de sous-classes de domination moderne, mais encore pérenne sous une dénomination acceptable. Le point fort de ce type d'exploitation est bien sur l'intérêt financier et la survie de ce système ».

Yanick François

8- L'ÉGLISE ET L'ESCLAVAGE

Bartolomé de Las Casas (1474–1566), historien espagnol et théologien. Il était un missionnaire et évêque de Chiapas[8].

Au 15e siècle, l'Église Catholique donna ouvertement sa bénédiction au Portugal pour la pratique de l'esclavage au Congo ; ceci, avec l'approbation du pape Calixte III. L'infant Henri le « Navigateur », fils du roi Jean 1er du Portugal, nommé gouverneur de l'Ordre des Chevaliers du Christ, reçut du Vatican les droits spirituels sur le littoral africain. Et en l'année 1454, le prince aurait obtenu

[8] http://www.encyclopedia.com/topic/Bartolome_de_Las_Casas.aspx

l'approbation du pape pour traiter les habitants du Congo comme esclaves. Et après le massacre génocidaire des Tainos, ces Africains eurent leurs tours sur la Terre de Aïa — Aïti.

Hervé Fanini-Lemoine

C E D
L'Eglise de résignation.

F T
C'est pour cela que des gens comme Martin Luther ont risqué leur vie pour amener les changements qu'on voit aujourd'hui. Des gens qui ont protesté l'injustice, les mensonges, les tromperies, etc. Mais c'est dans le passé. Nous devons lutter et protester ce qui est mal aujourd'hui, chacun à sa façon. Il y en a tant.

C D
@ Florence – Malheureusement, rien n'a changé. Les factories ont remplacé les plantations et l'ignorance a remplacé les chaines. Le néocolonialisme a remplacé le mercan-tilisme et l'évangile est encore un évangile de résignation. Les maitres sont seulement plus sophistiqués.

Y F
La traite des noirs « blanchie » et cautionnée sous l'égide d'un capitalisme mercantile ; pas étonnant ! Et ainsi va l'Histoire de l'exploitation raciale ou autre, en mutation constante de sous-classes de domination moderne, mais encore pérenne sous une dénomination acceptable. Le point fort de ce type d'exploitation est bien sur l'intérêt financier et la survie de ce système.

H F-L
Martin Luther était un membre du clergé catholique. Il a donné naissance à un système de croyances littéral où

l'adepte se contente d'accepter ce qui lui est dit. Par faute d'ignorance, il est subjugué dans la faiblesse de sa loyauté, ce qui lui interdit toute forme d'illumination.

Many of us have learned to ignore the past. It is unfortunate that the very understanding of oneself lies within that understanding.

Before any change can be made, we need to accept the fact that we have been thought wrong. En d'autres mots, il faut déconstruire pour reconstruire !

A G

C'est pour cette raison que je suis déiste. Souvenez-vous que c'est cet « osti » de jésuite espagnol appelé Las Casas qui fut à l'origine de l'esclavage dans le continent américain, parce qu'il jugeait que les Amérindiens ne pouvaient pas travailler la terre ! Il avait aussi la compassion pour eux.

A S

Très bonne réflexion Hervé ! Et sans une base solide, tu ne peux pas avoir une construction solide.

F T

Parle-t-on du Martin Luther qui refusa d'accepter que seul le clergé pût lire et comprendre la bible ? Je ne suis pas au courant des croyances ou enseignements chrétiens qui encouragent la résignation et l'ignorance. Maybe it's because I grew up in the US.

Où et qui sont-ils ces chrétiens ?

Malheureusement, le manque d'éducation et la culture de notre pays sont reflétés dans tous les aspects de la vie y compris la religion.

Les instructions que je suis ainsi que les membres de mon église, de ma famille, de mes amis, malgré les différentes dénominations, encouragent le développent académique, physique et spirituel, la maitrise de soi, le développent de la puissance et l'autorité spirituelle, le courage de faire ce qui est bien et bon même quand ce n'est pas « politically correct », etc.

Désolée d'apprendre le contraire. Cela veut dire que l'on doit aider ceux qui ne comprennent pas encore les enseignements ou comment les appliquer dans leur vie de chaque jour. Ceux qui ont le privilège d'avoir été éduqués et d'avoir reçu un peu de lumière ont la responsabilité d'aider les autres. « To whom much is given much is required ».

M S A G
La religion catholique a toujours supporté les mauvaises causes. J'ai du mal à pratiquer cette religion des fois si l'on s'en prend à son passé et même présent.

T A
C'est un choix. L'information a toujours été disponible pour tous ceux qui veulent s'informer et vivre de bonne foi. Ensuite, ils ou elles fréquentent les églises tous les dimanches et font 2000 « je vous salue » à genoux !

F T
Malheureusement, ces informations ne sont pas disponibles dans les églises catholiques. On les cache encore quelques verités !

H F-L
Et comment définis-tu « Dieu », Florence ? J'espère qu'Il ne se trouve pas dans un lieu ou un espace quelconque !

F T
@ Hervé – Je ne suis pas expert en théologie ni en études bibliques, mais dans l'ancien et le Nouveau Testament on trouve la réponse. Plus précisément sur la déité de Jésus, selon Jean on trouve ces révélations.

« Au commencement était la parole et la parole était Dieu, et la parole est devenue chair » en Jésus Christ. Jésus lui-même avait déclaré ceci : « Avant Abraham, JE SUIS », voulant dire que Jésus est toujours là, dans le passé, le présent et le futur. « Je suis le commencement et la fin. » Il est omniprésent, omniscient et omnipotent. Il est pardon et amour, mais aussi un Dieu de jugement pour les méchants. Il est aussi accessible à ceux qui le cherchent de tout cœur et de toute âme, pas seulement avec le cerveau. Il nous a créé à son image et nous a laissé des instructions et comment de les trouver et de nous rapprocher de lui. Nous pouvons nous unir avec lui, entrer en sa présence et avoir son esprit en nous. J'espère avoir répondu à ta question.

Y F

Je présume ici la forte prédominance d'une argumentation dogmatique. Martin Luther s'est dissocié de cercle élitique du Vatican parce qu'il était définitivement « dans le secret des dieux » et a voulu « revendiquer » ses opinions dissidentes en dénonçant certaines impositions de l'Église. Pour avoir été un éminent membre de ce noyau secret, aux verrous abscons, Luther a aussi ratifié la position de l'Église Catholique de son époque sur l'esclavage. À aucun moment cependant, sa stratégie dissociative n'a ni opiné sur la traite des noirs, ni réprouvé le commerce humain. La vision destructive d'une race au profit d'assises somptuaires est à disséquer de nos jours sous un angle pragmatique. En tant que peuple noir, il est impérieux de remonter l'histoire pour connaitre et objectiver notre saga d'endoctrinement et de colonisation physique, mentale et spirituelle.

Ton « posting » est à mes yeux, Hervé, un stimulant, un incitatif à des interrogations, à des pensées logiques simplement étayées sur des faits historiques véridiques.

M S A G

Quel serait donc le vrai rôle de l'église d'aujourd'hui ?

H F-L

@ Florence - J'admire bien ta passion chrétienne. Cela prouve que tu es une bonne croyante. Je suis Haïtien avant tout et ma passion est Haïti. Je m'efforce de comprendre et partager les éléments que je pense, nous ont causé du tort. Je ne défends que mon droit d'être humain et le droit d'être un Haïtien libre de penser sans aucun préjugé et surtout d'intolérance.

Je ne te dirai pas que ton petit blanc sur la croix est une invention européenne qui permet justement au « blanc » de s'imposer par la force sur d'autres cultures.

Je ne dirai non plus que ton seul livre de référence sur ce que tu appelles « la divinité » a été méticuleusement fabriqué par « César » pour que « les fidèles », ceux qui n'osent questionner, continuent à vénérer ceux qui nous ont enlevé les droits d'acquérir la connaissance.

Et finalement, je ne dirai pas que le replaçant (le vicaire) de ton Jésus (celui qui remplit le rôle de Jésus) semble être plus démoniaque que ceux qui pratiquent la religion de tes grands parents (si tu es Haïtienne, naturellement).

J'ai espéré que ce rappel du passé susciterait une réflexion plus fructueuse qu'un débat superflu sur les préférences religieuses.

T S

Quelqu'un a un jour dit « que celui qui n'a jamais péché jette la première pierre ». Des erreurs du passé, tirons les leçons qui s'imposent et regardons plutôt vers l'avenir qui est à construire. « L'union fait la force & Liberté, Égalité, Fraternité ».

H F-L

@ Tifa — On ne peut négliger le passé, ma très chère, car en en maitrisant la connaissance l'on s'édifie à toute éventualité de récurrence malfaisante. Et le passé est la seule référence valable de la vie. « Un peuple qui ne connaît pas son passé, ses origines et sa culture ressemble à un arbre sans racines. » Marcus Garvey

J G C

@ Andrew - Si Las Casas était capable de compassion pour les Indiens, n'est-il pas étrange qu'il en fût incapable pour les nègres ? À moins qu'il n'y ait une autre lecture de cette histoire, c'est une HOSTIE difficile à avaler et encore plus difficile à digérer.

F T

@ Marie Stephane - Si les biens de l'église ou du christianisme t'ont échappe à cause du mal que certains ont fait dans un passé lointain, comme la fondation de la Croix-Rouge, des hôpitaux, des cliniques médicales, des orphe-linats, des cantines, des écoles, partout dans le monde, la réhabilitation des prisonniers, la restauration des drogues, Mère Thérèse, Florence Nightingale et tant d'autres hu-manitaires furent et sont chrétiens. Je te suggère ce livre : « What's so good about Christianity » par, Dr Dinesh D'Souza.

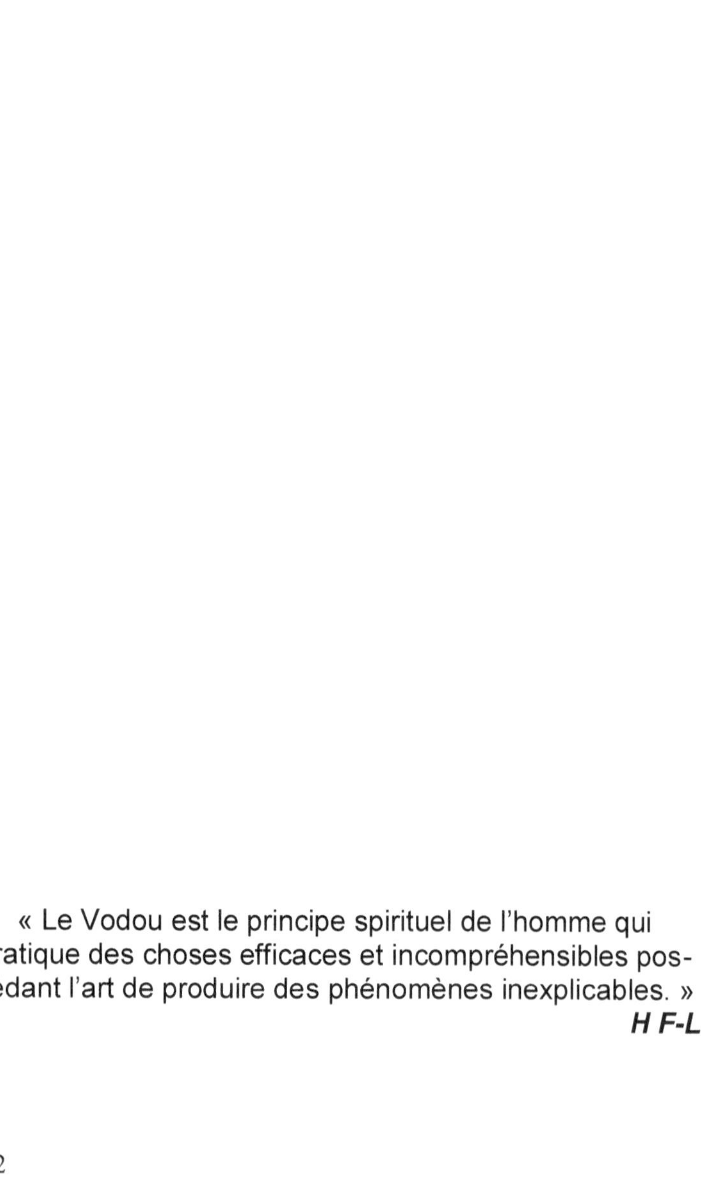

« Le Vodou est le principe spirituel de l'homme qui pratique des choses efficaces et incompréhensibles possédant l'art de produire des phénomènes inexplicables. »

H F-L

9- VODOU, CULTE DE MAGIE ET DE SORCELLERIE !

Vèvè de Legba

Chez nous, en Haïti, la majorité de frères et sœurs convertis s'éternise sur une définition du Vodou laissée par les pionniers de la religion chrétienne. Ils ont appris que le Vodou est un culte de magie, de sorcellerie et d'éléments pris au rituel catholique. Il est devenu pratique d'insulte pour diminuer les valeurs intrinsèques du Vodou. Pourtant, ceux qui ont eu la diligence de le définir ont su aussi comment préserver ses vraies valeurs.

Le Vodou est défini dans le Petit Robert comme « culte animiste originaire du Bénin, répandu chez les Noirs des Antilles et d'Haïti, mélangé de pratiques magiques, de sorcellerie et d'éléments pris au rituel chrétien. »

On entend par animiste « celui qui professe de l'animisme. »

L'animisme (définition sociologique de 1880, d'après Le Petit Robert) est une « attitude consistant à attribuer aux choses une âme analogue à l'âme humaine, attitude religieuse traditionnelle en Afrique. »

Animiste vient du latin, anima, ce qui signifie « âme », « souffle. »

L'Âme est « Le Principe spirituel de l'homme conçu comme séparable du corps, immortel et jugé par Dieu [...] »

Le corps humain « cache notre réalité », la « Réalité c'est l'Âme », précise ce dictionnaire. C'est encore le Principe de la vie, la vie morale, de la conscience morale. C'est la partie essentielle, vitale d'une chose [...], etc.

À juger cette définition, on peut dire en réalité que le Vodou en enlevant la sorcellerie et la magie est « Le Principe spirituel de l'Homme. » Là, je suis certain qu'il y a déjà des sourcils qui se relèvent.

Jeanne d'Arc a été accusée de sorcellerie [...], d'après la définition du Petit Robert, « la sorcellerie est une chose, pratique, efficace et incompréhensible ! »

On peut dire par cette définition que les choses qui semblent être incompréhensibles sont de la sorcellerie.

La magie est définie comme « l'Art de produire, par des procédés occultes (cachés), des phénomènes inexplicables ou qui semblent tels » ; par exemple : l'alchimie, l'astrologie, la cabale, la goétie, l'hermétisme, l'occultisme, la sorcellerie, la théurgie sont des phénomènes inexplicables.

Ajouté au Vodou « une pratique efficace et incompré-hensible » et en plus lui attribuer « l'art de produire des phénomènes inexplicables » est de déclarer le Vodou comme la Culture par excellence !

Donc par définition, « le Vodou est le principe spirituel de l'homme qui pratique des choses efficaces et incompréhensibles possédant l'art de produire des phénomènes inexplicables. »

À vous maintenant de réfléchir avant de me dire que je fais des tours de mots. Vous pouvez vous-mêmes consulter le dictionnaire « Petit Robert » Grand Format de l'année 2006.

Sans contrainte, qu'en pensez-vous ?

Hervé Fanini-Lemoine,

B L C

Humm! J'apprécie ton point de vue, mais il y a un petit hic. Il est prouvé que les pratiques du Vodou ici en Ayiti diffèrent de celles du Bénin, du Brésil, de Cuba par exemple. Le Vodou tel qu'il est pratique en Ayiti est un héritage africain avec un mélange indigène. Il faut en tenir compte.

H F-L

Il n'y a aucun doute, Louise. Je parlais de la définition et du sens des mots « magie et sorcellerie » où l'Haïtien — ignorant de la sémantique — répète, sachant qu'il dénigre, une définition qui met le Vodou au-dessus de tout ce qui est considéré « sacre »

R L B

Merci Monsieur Fanini-Lemoine. Auriez-vous des textes poussant la réflexion jusqu'à ce qui a causé la psychose éprouvée par des légions d'Haïtiens qui ont opté pour une branche du christianisme ou tout simplement occulté tout ce qui est en lien avec l'origine (Afrique, rites, spiritualité...) de leur culture?

C E P

Merci encore une fois Monsieur Fanini-Lemoine pour ce texte si explicite qui certainement m'aide à mieux comprendre ou même à découvrir une religion qui est à la base même de notre culture et dont j'ignorais presque tout.

M W

Moi, j'ai entendu parler du vaudou et je l'attribuais à une sorcellerie visant à faire le mal. Maintenant Hervé éclaire mes antennes. J'ai aussi fait des recherches et je réalise qu'il est issu à travers la traite négrière et visant simplement à entrer en relation avec un ensemble de « dieux » plus proches que DIEU lui-même, parce que trop lointain, et aussi qu'il est réputé à offrir aux hommes prospérité et guérison ! Merci Monsieur Fanini. Ça fait drôle de dire Monsieur à Hervé !

H F-L

Mr Blaise, pour commencer, je recommande la lecture de deux titres publiés par le Dr Jerry et sa Femme Yvrose Gilles : « Bicentenial » et « Rememberance ». Ils sont disponibles en anglais et en créole. Vous pouvez vous les procurer sur bookmanlit.com

L B

Le Vodou, c'est l'art de voir la vie partout où elle existe, à travers la multiplicité des Génies qui témoignent sa manifestation.

H F-L

@ Maryse — Le mal se fait tous les jours dans toutes les couches de la société. Le Vodou, tout comme le nègre, a été démonisé par ceux qui ont massacré les peuples indigènes de l'Amérique et mis en esclavage les peuples de l'Afrique (1450). Tout ceci, à cause de la cupidité des Espagnols et par l'approbation du chef de l'Église catholique: le Pape lui-même.

Je te suggère la lecture de « Face à face autour de l'Identité Haïtienne »

S F

Si certains se posent la question sur certaines différences qui existent entre la santeria à Cuba, le candomblé au Brésil, mais aussi en Uruguay, Paraguay ou Argentine,

Louisiane, on peut aussi parler de la culture gnawas au Maroc, en Algérie et il y aurait des centaines de variations de par le monde du VODOUN dont l'origine est africaine (Dahomey) en Afrique de l'Ouest. L'origine de l'HOMME est aussi africaine. La raison est parce que c'est une culture, une philosophie de résistance, qui a la capacité pour survivre de s'adapter à l'environnement et ainsi de se protéger depuis l'esclavage et la traite des noirs et l'oppression occidentale.

Si nous avions gardé le Vodou comme base de notre culture, nous aurions aussi pu sauvegarder notre environnement, car la terre, la culture, les plantes, les arbres sont protégés par cette philosophie de vie : on a besoin d'eux pour vivre, nous soigner et perpétuer notre culture. L'être Vodou vit en harmonie avec la nature. Si nous avions gardé le Vodou comme base de notre culture, nous serions moins acculturés, plus fier de que nous sommes et pourrions comme à Salvador de Bahia au Brésil, ériger des statues en hommage aux Loas (Orishas).

Les enfants apprendraient l'histoire du Vodou, tout comme celle de toutes les religions.

Le Vodou a pu résister aux inquisitions de l'Église Catholique : à la destruction massive d'houmfor, à l'évangélisation qui se poursuit en prenant comme tremplin la misère et le désespoir.

Obligé d'évoluer en vase clos, l'apport d'une certaine modernité positive n'a pas eu beaucoup d'effet sur le Vodou, mais c'est aussi cela qui l'a préservée. Mais reste à dire, qu'elle doive être notre source de fierté, que l'on doive la protéger et en faire un point fort de notre richesse culturelle, pratiquant ou pas.

N D
AYIBOBO Sandra, AYIBOBO Hervé !

S F
Ayibobo Nadine !

Toute l'Europe néolithique, à en juger par les my-thes et les légendes qui ont survécu, possédait un en-semble de concepts religieux remarquablement homogè-ne, fondé sur le culte de la Déesse-Mère aux si nom-breuses appellations, que l'on connaissait aussi en Syrie et en Lybie.

Robert Graves

10- AÏDA WEDO – *CULTURE VODOU*

Adam et Eve (2200/2100 Av. J.-C.) - British Museum

Si l'on est sérieux au sujet du Vodou et des Loas du Vodou, il faut d'abord comprendre le Vodou comme une culture qui n'a rien emprunté au Catholicisme. C'est comme si l'on pense que la fille aurait enfanté la mère. Tout d'abord, Ayida Wedo (Aï-DAH-OUADO), comme l'explique le docteur Arthur Holly, dont le radical Aï (ayi) est le nom ésotérique de l'Éternel et comme qualificatif désigne ce qui est extrêmement grand – dans le sens absolu. « Par OUA-DO l'on désigne l'eau profonde ; donc ce gros poisson qui est dans la profondeur de la mer », conclut-il.

En Haïti, Aïda Wedo est aussi connu sous l'appellation de Metrès Lakansyièl, et Metrès Langelus dans le sud ; ce qui lui attribue le titre de reine du jour, du midi, et du soir. Par ailleurs, la majorité des divinités féminines sont appelées Metrès en Haïti.

La Déesse mère avait souvent été présentée sous trois aspects complémentaires : la jeune fille, la Déesse mature et la vielle femme, sans que l'on puisse préciser exactement de quelle époque date cette trinité féminine. Frazer, dans « Le Rameau D'or », a fait référence à l'importance primordiale d'Isis, grande Déesse égyptienne.

Ses attributs et ses épithètes étaient si nombreux que, dans les hiéroglyphes, on l'appelle « La déesse aux mille noms » et dans les inscriptions grecques « Celle dont les noms sont des myriades ». Dans la mythologie sumérienne (civilisation du sud de la Mésopotamie) on peut la voir universellement représentée, soit tenant entre ses mains un vase symbolique d'où jaillit le flot qui féconde et fertilise.

À Sumer, elle est bien nommée la « Maîtresse de la Terre et du Ciel », comme on le voit à travers la figure de Nout, clairement présentée dans les textes comme la mère de la voûte céleste, des étoiles et des constellations.

Chez les anciens, elle était la même, aux multiples noms. Elle était la mère divine venue des temps néolithiques et bien plus avant. Au Proche et au Moyen-Orient, selon les lieux, elle était appelée Innin ou Inanna, nana, Nut, Anat, Athirat, Anahita, Ishtar, Isis, Ishara, Ashera, Attoret, Attar, Hathor. Dans la mythologie Vodou, on retrouve Hathor –avatare d'Isis- sous l'épithète d'Ezili Dantò, déesse mère et protectrice de l'enfant.

L'Europe ancienne a uniformément vénéré la Mère Déesse avant l'arrivée du Patriarcat. Robert Graves explique :

Toute l'Europe néolithique, à en juger par les mythes et les légendes qui ont survécu, possédait un ensemble de concepts religieux remarquablement homogène, fondé sur le culte de la Déesse-Mère aux si nombreuses appellations, que l'on connaissait aussi en Syrie et en Lybie [...] L'Europe ancienne n'avait pas de dieux [...] La grande Déesse était considérée comme immortelle, immuable, et toute-puissante ; et le concept de la filiation par le père n'était pas encore apparu dans la pensée religieuse.

Se référant ainsi à l'origine des déesses de l'antiquité et des cultures anciennes d'où est sortie la culture Vodou, il parait évident que les symboles d'Aïda Wedo ou d'Ezili Dantò n'ont rien de catholique. Assumer que le Vodou vienne du catholicisme est une « hérésie »

Hervé Fanini-Lemoine

« En réalité depuis la naissance de la nation haïtienne, paradoxalement, le Vaudou, religion d'un secteur important de la population, n'a jamais eu une existence légale. Il a été mis hors la loi par l'État. Le Code Pénal l'a condamné comme un délit et les divers gouvernements lui ont livré une guerre sans merci. Par contre, l'Église catholique a été reconnue comme religion d'État par un grand nombre de Constitutions du pays (les Constitutions de 1801, 1806, 1816, etc.). D'un autre côté, le Concordat, signé le 28 mars 1860 à Rome entre l'Église catholique et l'État haïtien sous le gouvernement du Général Fabre Nicolas Geffrard, a aussi fait de l'Église catholique, la religion officielle de l'État, sans la nommer explicitement. Des ressources financières et juridiques énormes ont été mises à sa disposition par l'État et des liens très forts se sont tissés entre ces deux institutions : l'Église catholique et l'État.

L'un des objectifs majeurs de l'Église, qui a été aussi l'objectif de l'État, était de détruire le Vodou, considéré alors comme de la superstition, du fétichis-me, de l'idolâtrie et le principal obstacle à la moderni-sation et à l'évangélisation de la société.

C'est dans ce contexte socio-historique que plusieurs grandes campagnes ont été organisées conjointement par l'Église et l'État pour éradiquer le Vodou de la société. Plus de cinq campagnes anti-vodou ont donc été organisées (1864, 1896, 1912, 1925-1930, 1940-1941). Au cours de ces campa-gnes, des temples vaudou ont été perquisitionnés et des objets de culte saisis et détruits, etc. »

Professeur Kawas François,

«Vaudou et Catholicisme en Haïti à l'aube du XXIe siècle. Des repères pour un dialogue »

C E P

Excellent article Hervé, j'en conviens et cette dépendance et la formation dans les écoles congréganistes expliquent indéniablement l'embarras et la contestation des Haïtiens vis-à-vis du Vaudou. Merci.

J-R A

Nous avons besoin de plus d'un H.Fanini-Lemoine sur Facebook. Merci Hervé !

M J

J'ai rencontré il y a plus de 20 ans un homme d'Église qui avait quitté les ordres et s'était marié par la suite. Il était chargé de la communication entre les entites de son Eglise et les pretres Vodou de la paroisse. Ce n'était pas pour les CONVERTIR, loin de là. C'était un échange de connaissances qui l'amena un jour à rencontrer un illettré qui était monté par un loa qui parlait et écrivait couramment 7 LANGUES et qui en plus faisait une étude comparative entre certaines feuilles et plantes en Haïti et en Afrique pour guérir un grand nombre de maladies ! Le document était en latin et cet ancien prêtre a failli mourir à cause de ce document. Je M'ARRETRAI LA !

H F-L

Intéressant, Mecthylde!

J T

Pas du tout Mecthylde, tu doid terminer l'histoire !

M J

@ - Jessy - Ce prêtre est actuellement un respectable professeur d'une soixante d'annexe, un père de famille et cela se passait dans la respectable paroisse de Notre Dame au Cap. Je m'arrêterai là !!

P R C

Hervé, à quand votre prochaine conférence au Québec ? Cette discussion est très intéressante.

H F-L
Probablement cet été, Anne

M J
Si l'on mène une enquête au sujet des grandes familles de vodouisants en Haïti, on serait étonné de voir qu'ils ont presque toutes leur hougan, leur mambo, leur prêtre, leur religieuse. Ce qui est étonnant, c'est ce respect que le fils prêtre catholique a pour son père, prêtre hougan. Je m'étais toujours posé des questions au sujet de cette harmonie et c'est pourquoi ce travail confie par ses supérieurs d'outre-mer a mon ami prêtre dans le nord, a été pour moi UNE RÉVÉLATION et j'ai commencé a y voir un peu plus clair. Le Vatican s'intéresse grandement et s'est toujours intéressé à la religion VODOU !

H F-L
« Le Vodou est victime de préjugés mesquins que nourrissent hypocritement certains membres de la société haïtienne contre cette pratique religieuse. Pourtant ses cérémonies attirent en cachette des hommes et des femmes d'État, d'Affaires, de Lettres, de Science, mais la plupart d'entre eux (elles) refusent de s'affirmer à visière levée par suite des ridicules interdits dont cette religion est frappée par l'Église Catholique sous la houlette de l'Occident qui la relègue au rang de sorcellerie.

Après deux siècles de vie clandestine, le vaudou fait preuve encore d'un dynamisme sans pareil. Il est pratiqué en catimini, mais il répond toujours aux besoins de ses adeptes. Cependant, il subit continuellement l'assaut des autres sectes et principalement l'Église Catholique. D'où une ambivalence Vaudouisme-Christianisme qui place certains sujets entre l'enclume et le marteau. Toutefois l'étonnante réalité que nous enseigne la vie quotidienne haïtienne, en dépit des critiques négatives de certains censeurs impénitents, demeure vivace. Parfois, on refuse de croire à ses yeux et à ses oreilles, pourtant le vaudou constitue la trame de la société haïtienne.

Ce culte grâce à ses séquences et ses objets sacrés greffés sur l'envers du décor de notre société est un trésor pour Haïti ».

Michaëlle Jean
L'envoyée spéciale de l'UNESCO,
Ex-Gouverneure Générale du Canada.

N D
Yes, Hervé, on ne doit qu'applaudir Michaelle Jean pour s'être lancée dans cette campagne de destigmatisation de notre Vodoun. Je te rejoins, mon frère. Applaudissons celle qui est en train de faire usage de sa haute stature internationale pour mettre en relief ce qui nous identifie tous comme Haïtien : Le Vodoun.

M M A
Ayibobo!

J M A
Le jour où les messieurs de l'Occident accepteront de diffuser le dernier paragraphe de votre message, les jeux seront faits. Correction : les attaques contre le Vodou ne sont plus de l'Église Catholique.

Quand les protestations doivent être créés, peu importe ce qu'est un bouc émissaire, n'oubliez pas, les dernières attaques sur le Nord du Cap-Haïtien où les saints ont été la proie des criminels, alors que le principe de base stipule que le croyant en Christ est un chrétien.

Un petit rappel, a déclaré un journaliste américain Paul Steiger dans le passé, il y a 80 pour cent des catholiques en Haïti, 20 pour cent pour les protestants ,10 pour cent autres, et 100/100 du vaudou. Drôle de coïncidence ! « Tout ce qui arrive du Sud du globe » est négatif. Ainsi je pense !

L C
Le Vodou est victime de sa propre pratique où ses pratiquants l'utilisent au détriment de notre société, et je doute fort de son efficacité de 1804 qu'on a souvent parlée dans notre manuel de mensonge d'histoire d'Haïti.

J C
Facile d'accuser l'Église Catholique. Persécuter les Chretiens ! Pourquoi pas, ils ne se défendent guère.

L'Église Catholique est en éclipse en ce moment ; peu sont ceux qui le savent.

Y F
Hervé, je crois effectivement que la confusion émane de l'endoctrinement du puissant Catholicisme et du rejet d'emblée des rituels africains. Une confusion qui a enfanté le syncrétisme des pratiques religieuses et vodouesques. Dépeints comme des structures marginales, sataniques à « rejeter », et aux prises avec la prééminence des autres religions satellites de notre époque, en plus de la féroce campagne catholique d'antan, le Vodou, pendant longtemps, a du s'abriter sous le maquis pour survivre.

Madame Jean est certainement une voix prépotente à galvaniser, à vivifier l'intérêt et l'écoute pour la reconnaissance culturelle du Vodou haïtien !

C S
@ Jean Charles - Chrétien persecuter ! Depuis Rome ce sont les chrétiens qui au nom du Prince de la Paix et de L'Amour qui persecutent tous ceux qui ne sont pas de leur avis. Mes applaudissements pour une des filles d'Haiti, Mme Mickaelle Jean !

R L
Nous avons effectivement besoin des personnalités comme Mme Jean, car jusqu'ici, mes frères et soeurs vodouisants se sont laissés définir par Sa Majesté l'Église qui d'ailleurs s'est aussi chargée de s'occuper de notre

éducation. Le Vodou, comme étant un mode de vie, une philosophie directement attachée à notre histoire a été diabolisé, galvaudé pour permettre l'avancement du colon et de son programme de destruction. Un objectif atteint puisque le mécanisme « d'identification à l'agresseur » a réussi, l'agresseur est accepté, compris, protégé, remercié (de nous avoir sauvé), et surtout représenté par ses agressés.

A V

Je connais Haïti, je suis né en Haïti, le Vodou je l'ai vu de mes propres yeux, et ce sont des pouvoirs acquis par certains qui souvent l'utilisent pour faire le mal contre leurs propres voisins.

Très peu en parlent ouvertement, sauf quelques artistes comme Azor, qui vient de perdre sa vie récemment. Et, si les Haïtiens sont sincères et intègres dans leurs démarches, chacun devrait définir ouvertement s'ils pratiquent le VODOU, ou s'ils sont CATHOLIQUES, ou CHRISTIANISME, ou les indécis qui naviguent sur plusieurs terrains.

--

Ceux qui ont peur du Vodou peuvent se mettre dans le groupe des indécis, et ils auront quelques années pour se décider sans hypocrisie et sans peur et sans haine.

--

Je répète : je suis un croyant, ma mère est croyante... Donc, toute personne qui utilise les réseaux sociaux devrait s'identifier clairement, parce que FACEBOOK avait prévu toutes ces luttes d'influence.

--

Le vrai perdant dans tout cela est l'indécis ! Celui qui se dit athée.

N D

Parler du Vodoun en se référant à ses armes défensives ou offensives uniquement relève d'une certaine méconnaissance de la CHOSE. Le Vodoun est un systeme qui regroupe tant de branches sous son ombrelle :

la spiritualité, l'économie (SOL, SANGLE, SABOTAGE, TONTINE), l'organisation du travail (KOMBITE, KAPKA), la sécurité publique (CHANPWEL, ZANGBETOR), la médecine (DOKTE FEY, RALE, Guérison spirituelle, etc.), le mysticisme (les mystères du MONDE INVISIBLE, Lwa, VODOUN, le FA, etc.) Un système judiciaire qui s'applique avec élégance ou les caprices de ceux qui sont chargés de le faire et qui certes, comporte des erreurs comme dans tout système humain, sa philosophie et surtout son vécu quotidien. Les chrétiens, le catholicisme en tête, avec l'ISLAM sont les grands persécuteurs du Vodoun dans l'histoire. Dans notre hémisphère, nous avons tant vécu les abus du Catholicisme contre les Vodouisants depuis la colonisation, qu'on est obligé de les montrer du doigt comme étant nos anciens bourreaux.

Que les prêtres catholiques étaient pour ou contre l'esclavage, mais ils étaient tous unis dans leurs efforts pour éradiquer le Vodoun, par les voies coercitives ou violentes. Parler aussi de ses doutes quant à l'efficacité à la veille de 1804, relève d'un certain révisionnisme.

Comment ne pas voir dans le rejet du dieu des blancs, comme énoncé dans le serment du Bois-Caiman comme la référence au Vodoun d'Afrique qui s'est manifesté dans l'arrivée d'Erzulie DANTOR. Il faut connaitre un peu le FONGBE, la langue de nos ancêtres les Dahoméens pour comprendre ce que veut dire DANTOR ou TORDAN : la mère de tous les DANGBE !

J M A

@ Aulida — Chacun devrait définir ouvertement s'ils pratiquent le Vodou, ou s'ils sont Catholiques, ou Chrétiens. Je ne comprends pas, je pensais qu'un catholique était lui aussi un membre du christianisme !

R L

C'est exactement cela que les critiques de cette philosophie ne comprennent pas. J'ai une connaissance de la chose, j'ironise ces pensées et cette tendance à la comparaison du Vodou avec le christianisme.

J M A
@ Ruby, tous les Haïtiens sont affiliés avec au vaudou, par le biais d'un quelconque de leur famille. Je pense, sans me mentir.

R L
Le « Moi » du peuple est bien trop éclaté. Il nous faudrait un autre congrès pour reconstruire ce « Moi »

J M A
Une chose que j'observe, le Japonais adore Boudha qui ressemble beaucoup à ce qu'Hervé expose dans son texte ; Et ils sont riches alors que nous, Haïtiens protestants, nous véhiculons l'idée qu'une statue est le synonyme du diable.

J M M
Jean, ce sont les effets de la colonisation et de la néocolonisation qui ont provoqué le rejet de sa propre culture. Bien que je respecte toutes les autres cultures soeurs, mais pas celle du colon et son christianisme bondyesri !

J M A
@ Mercier — D'aucuns estiment que tout ce que l'Occident prêche vient de Dieu, le Grand Architecte de l'Univers.

J MA
A bon entendeur, salut !

Y F
La reconstruction de ce « MOI », victime d'un écartèlement, ne peut se produire sans une réelle prise de conscience de la réalité culturelle d'ancrage et existentielle à l'Afrique Mère. L'évidence du « vouloir » est déjà certes une étape augurant la reconnaissance d'une dichotomie culturelle vodouisante et la présence

prépondérante des religions occidentales. Ultimement, la valorisation de cet ancrage culturel et existentiel à notre Alma Mater est en bonne voie, via tous ceux qui font entendre leurs voix d'appartenance aux souches génétiques et spirituelles africaines. Madame Jean a certainement conféré, « Ce culte grâce à ses séquences et ses objets sacrés greffés sur l'envers du décor de notre société est un trésor pour Haïti » !!

M Y F

J'aimerais rejoindre la conversation. Elle est très intéressante. Ma connaissance en Vodou est très limitée. Juste les noms de quelques « loas ». Cependant, je connais très bien l'une de ses expressions comme la danse, parce que dans mon enfance, la communauté de l'époque avait pris le temps de nous enseigner. C'est une culture magnifique. Ma question est la suivante : pourquoi les leaders de cette religion gardent-ils leur information si secrète ?

G C

Sujet de très haute portée,
il fallait qu'une haute personnalité
en parle pour attirer l'attention,
et faire dévoiler certaines émotions ...
Le caché enfin tout comme révélé,
comme dans notre société de préjugés,
Le Vaudou n'a pas fini de faire jeter l'encre
une religion qui devrait être une ancre
pourtant incomprise même rejetée,
par ses enfants, pour une autre au « Rejeté ».

Le Vodou est comme le Kalalou,
sans haine, il coule tout doux...
Sans le Vodou, pas de secours
à l'arrière-pays, notre cour...
C'est notre Sang, c'est l'Amour,
on le lie au loup Garou,
pas de rapport du tout,

Sa volupté au Yanvalou,
ses rythmes au tambour
sont une danse de gout...
(Ce texte je l'ai écrit il y a bien longtemps de cela)

@ Yanick - Une reponse pour toi dans mon texte l'autre moi même ...

L'AUTRE MOI-MÊME.
J'ai pensé tout connaitre à mon jeune âge,
j'avais tout étudié de Voltaire au Moyen âge,
Corneille, Lamartine, Diderot m'étaient connus,
Shakespear, Cervantes , Freud, ils étaient un plus...
Quand du Noir, un jour j'ai vu mon être,
de la lumière, je me suis à ma surprise répugné...
Petit à petit, j'ai appris à observer, à tolérer,
l'Aut...
(Je vais chercher le reste et l'afficher. Je l'ai écrit en Mars dernier)

N D

Justement Jean M ; le Japonais n'a pas été victime de la colonisation. La colonisation charrie dans ses ba-gages deux de ses piliers en vue de s'assurer à long terme qu'elle atteindra son but qui est le pillage des res-sources du sol et du sous-sol des territoires colonisés : L'ÉGLISE ET L'ÉCOLE. C'est ce qui explique que le Japonais ou le Chinois se soit mis debout devant l'humanité dans ce laps de temps, sans avoir été colonisé et sans avoir colonisé.

Les missionnaires chrétiens n'ont pas eu l'opportu-nité de détruire leurs essences shintoïste ou bouddhiste (qui ressemblent en beaucoup de points au Vodoun). Le moi sanguinaire de Yaveh/Jehovah n'a jamais été mis en évidence par les prêcheurs qui nous parlent aujourd'hui d'un dieu de compassion alors qu'une certaine ambivalence s'installe dès que l'on parle de cette divinité. Tout l'A.T. dépeint un buveur de sang qui prend plaisir dans le malheur de « ses créatures ».

Par exemple, Yaveh endurcit le coeur de Pharaon pour ne pas écouter la voix de Moise venant lui apporter un message que lui-même Yaveh a envoyé, pour ensuite exercer sa punition meurtrière sur les Égyptiens (massacre de tous les premiers-nés des Égyptiens à cause du refus personnel de Pharaon de céder aux chantages de Moise). Bien que cette histoire soit controversée, je me demande aujourd'hui quelles sont les preuves qui étaient fournies à Pharaon que Moise était un envoyé de Yaveh, celui-là même qui avait endurci le coeur de ce même Pharaon pour ne pas écouter la voix de Moise. Il est temps que l'on nous laisse tranquile et comprendre enfin que les Haïtiens disposent d'un instrument qui s'appelle Vodoun qui peut les aider à sortir de leur marasme. Mais hélas, la colonisation persiste. Maintenant est venu le temps de la recolonisation.

À bon entendeur, salut. La lutte est longue.

G C

Voilà la raison de notre détriment, la division de notre identité. Une peur instituée par ceux mêmes qui nous détruisent et rejettent la balle sur notre agent de délivrance. Bien pensépar eux, parfois j'ai envie de faire des commentaires judicieux, mais en vérité j'ai peur de déplaire à un ami. Qui devrait primer, la VÉRITÉ OU L'AMI ?

G C

@ Marie Y F - Disons plutôt que cette religion nous a été cachée et même prohibée sous peine de l'enfer sur terre et aux cieux. Il faut savoir faire la distinction entre le vaudou et la sorcellerie qui existe aussi dans toutes les autres religions.

M D

Très pratiqué dans l'ile (DR inclus), les leaders catholiques savent la puissance de ce médium. L'Afrique sur ce point ne quittera pas Haïti... Quand vous rentrez dans les maisons, c'est très facile à voir qui pratique et qui se cache. Ce qui est amusant c'est que les pratiquants du Vodou utilisent la Bible, les images des saints catholiques et les incantations. Prêtres et Pasteurs ont recours à ce médium, eux aussi. Des livres très intéressants ont été écrits à ce sujet et j'ai pu vérifier quelques informations. Par exemple, le son du tambour peut activer une TRANSE...

P E

@ Norluck — Bravo pour votre intervention. Cependant, Haïti n'est pas l'Afrique. Et quelle Afrique serait-elle de nos jours ?

Les idées de toutes sortes sont dynamiques, ce pour dire que les idées religieuses elles aussi se changent et s'échangent.

Haïti est née d'un mariage de cultures, Europe-Afrique. Je ne vais pas discuter de l'aspect moral de la colonisation. Mais ce qui est certain c'est qu'en Haïti, le peuple formé après l'indépendance, dans sa structure politico-économique et en partie culturelle est européen. J'ai dit en partie parce que la grande masse a nettement conservé les traditions africaines : les moeurs et la religion vaudou. Je veux ici séparer religion et moeurs, bien que souvent juxtaposés.

Pour avoir étudié l'Ethnologie en Haïti, j'ai toujours reproché aux adeptes du Vodou de ne pas avoir divulgué cette religion si calomniée, assez au moins dans le pays. Mais l'effort d'organisation se fait sentir de nos jours.

Je ne connais pas de mauvaises religions. Il y a seulement de mauvais hommes qui, dans l'histoire, ont utilisé leurs dieux pour détruire d'autres cultures. Les informations circulées en Haïti par le christianisme sur le Vodou sont faussées et sont motivées d'un désir profond d'acculturation. On associe le Vodou aux démons et au mal ; termes du christianisme. Bien que je ne sois pas pour une Haïti purement Vodou, ce qui n'arrivera jamais, en dépit de la place que cette religion occupe comme toile de fond de notre identité, je suis pour une rééducation nationale sur ce qu'est cette religion parce que très peu sont ceux qui en sont bien imbus.

La religion, encore la religion ! Les dieux, encore les dieux ! Quand pourrions-nous nous passer d'eux ?

J C

Évidemment, tellement vrai !

K H

Il faut aussi soumettre qu'un adulte responsable devrait être capable de rejeter les absurdités étrangères vis à vis de la culture haïtienne. Donc nos croyances devraient etre décidées sur la réalité de notre histoire, notre PETITE histoire, celle qui détient tout son sens de nos ancêtres Africains.

Pour ma part, je dirais que j'ai grandi avec ses absurdités, mais j'ai longtemps fait le choix d'en dire merde. Le catholicisme n'a vraiment rien à foutre avec les nègres à part leur imposer une définition toute niaise de civilisation qui les enchainent éternellement dans une angoisse qui déchire, mais ne promet rien vers la poursuite d'un modèle à l'envers et qu'un nègre ne devrait jamais même penser à atteindre.

S M

L'Haïtien, dans sa grande majorité, est très hypocrite par rapport au Vodou. C'est à mon avis le résultat d'un méfait et d'un drame historiques.

L K

Ayibobo !

J P C

Très beau débat !

Nous sommes un peuple souffrant d'une crise chronique d'identité, non pas seulement vis-à-vis du Vodou, mais dans presque tous les domaines. C'est dommage parce que nous avons une histoire extraordinaire et une culture très riche. Lorsque nous apprendrons à être sincèrement fiers de nous, de notre culture, et de notre héritage, seulement à ce moment nous pourrons tous continuer notre cheminement vers le progrès.

L'hypocrisie que démontrent les petits groupes privilégiés ne devrait pas être surprenante, puisque nos enseignants n'étaient personne d'autre que nos oppresseurs.

Ceux qui n'ont pas reçu une éducation scolaire ont été épargnés du lavage de cerveau. Il est peut-être temps qu'il se fasse un échange entre les deux groupes : que ceux qui ont gardé l'authenticité de notre culture aient l'opportunité de l'apprendre aux autres.

La plupart des Haïtiens qui s'identifient aux Européens en méprisant la culture du pays le font par manque d'informations et aussi parce qu'ils se sont laissés convaincre par leurs enseignants que leur culture est inférieure ; donc ils le font pour mimiquer l'oppresseur pour avoir un certain sens d'appartenance sans être trop sûr à quoi.

La plupart de ceux qui critiquent le Vodou n'en connaissent rien, ou en connaissent très peu. Ils ne font que projeter la croyance venant de rumeurs et accusations des adeptes d'autres disciplines.

En recevant des informations à partir de la source même de cette pratique, l'on pourra se faire une opinion beaucoup plus juste !

G C

Mes compliments Judy. Ces propos renforcent mon appréciation pour toi.

En effet, nos enseignants étaient et demeurent nos oppresseurs, qui nous font vénérer leurs saints souvent assassins. Je me tords de honte quand je sais que l'on m'a fait répéter comme un pantin cette prière d'un saint criminel : « St Ignace priez pour nous », alors que lorsqu'on connait l'histoire de cet homme il n'était qu'un assassin, à voir ce que nous appelons en anglais « a serial killer » — tueur en série.

Beaucoup d'ordres fanatiques de toutes religions ont leurs mains trempées dans des génocides et pointent du doigt sur quelques adeptes qui ont dévié du chemin.

Mon cas, en particulier, est un cas où à l'âge de 22 ans vivant dans un pays où l'on devait m'enseigner mes racines ; mais, j'étais carrément barré de mon passé. Je ne savais même pas ce que c'était un « Gede » et je savais pourtant tout de Corneille et de Racine !

Comme quelqu'un l'a souligné plus haut, on connait trop bien la puissance de ce médium et c'est pourquoi on nous le barre par la peur de « l'enfer ». Et je suis très d'accord avec cela.

Même la plupart des pratiquants de cette religion eux-mêmes ne sont pas trop imbus des dogmes parce que vivant dans l'obscurité pour survivre, le Vodou n'est pas divulgué et enseigné comme il se doit. Il n'y a que quelques rituels disponibles pour implorer la grâce des Loas et chercher les bénéfices matériels la plupart du temps.

N'en déplaise à certains amis de Facebook, je me dois ce que je pense auprès d'amples informations. Et pour celui qui a mentionné que nous ne sommes pas de l'Afrique, je lui demande de m'expliquer qui sommes-nous alors, si ce n'est que notre sang ? Plusieurs se reclament de ceux qui les rejettent ; mais, l'Afrique ne nous a jamais rejetés même si beaucoup l'ont dénié !

N D

@ Prince E — En dépit de ta bonne foi et surtout ta naïveté, tu sembles répéter mots pour mots les racontars de nos professeurs eurocentriques de la Faculté d'Ethnologie.

Je suis désolé de te dire qu'Haïti est une reproduction de l'Afrique, n'en déplaise à cette minorité intellectuelle qui veut voir réfléchir son image dans les miroirs européens ou de l'occident tout court. L'Afrique est présente à travers tout notre mode de vie y compris, nos efforts de survie. Il faut avoir vécu sur les deux continents pour le comprendre et non pas s'accrocher aux chimères des ectodermes pour se créer un monde fantasmagorique d'Européen bruni sous les tropiques. Oh ! Non. Je crois plutôt que le croisement des Africains avec la culture européenne a eu pour conséquence l'éclosion d'un certain nombre de fils bâtards (une toute petite minorité) qui trouvent mieux à s'identifier au colonisateur raciste et méchant et qui combattent sans succès leur culture matricielle. C'est ce que tant d'autres ont appelé la crise identitaire. Celle-ci frappe davantage l'élite minoritaire qui a développé cette tendance fascisante qui a fait naitre deux pays : la république des villes d'un côté, et le pays en dehors de l'autre. Ce dernier s'attache et reproduit son Afrique dans tous ses aspects.

Des recherches très approfondies devront amener nos ethnologues contemporains à corriger cette approche erronée de la réalité haïtienne et la présenter sous ses vrais aspects.

Au nom de quoi prends-tu cette autorité de reprocher les adeptes du Vodoun de ne pas promouvoir leur religion ? Les chrétiens se croient toujours en pouvoir ou en devoir de porter un jugement quelconque sur le Vodoun. Mais, as-tu tenu compte des persécutions, des campagnes violentes « Rejeté » contre les sanctuaires du Vodoun et ses adeptes en Haïti ? La société haïtienne a toujours ostracisé le Vodoun, ses pratiques et pratiquants, à travers tous les médias connus. Ce n'est qu'à partir de 1986 que des militants ont commencé à dénoncer et défendre la cause du Vodoun, combattre les stéréotypes en vue d'une acceptation des Vodouïsants dans la société. Cela ne fait que commencer mon cher. On ne pourra pas facilement renverser en un an, les abus, les mauvaises propagandes, les dégâts qui ont été faits

J'espère que tu as bien compris.

G C

Comprends bien celui qui veut comprendre ! Il y a beaucoup parmi nous dont les intérêts financiers sont liés étroitement de près ou de loin à certaines pratiques et ils trouveront toujours des arguments pour se convaincre du contraire. C'est là le dilemme ; l'intérêt !

N T W
J'ai pris la liberté de reporter tes réflexions sur la page du groupe HAITI-D-K-BESSSSSSSS.

Hervé tu ne crains jamais de mettre ton doigt dans la plaie. Il me semble que tu es une réincarnation de l'esprit de Jacques Roumain. Merci pour ce travail éducationnel que tu fais à travers tes publications. Ton livre « Face à Face autour de l'Identité Haïtienne » est un trésor national.

H F-L
Merci d'avoir apprécié, Nancy !

D S
Merci Hervé pour ton post dont j'ai pu apprécier les différentes opinions les unes plus enrichissantes que les autres, j'apprends à découvrir cette religion de nos ancêtres qui je ne sais le pourquoi pénètre mes tripes. Ayibobo pou lwa yo. Bonne fin de semaine.

Y F
@ Hervé - Merci encore d'avoir sustenté le flambeau culturel haitien en incitant à une ébauche de recherche véridique sur le Vodou. Tu as canalisé beaucoup d'énergies et d'opinions, les commentaires ont porté sur l'essence historique de notre héritage, le vouloir de lumière, la réflexion prolifique autonome, la quête des réponses du langage rituel et mystique de notre africanité. Un échange fécond, éclairé de savoir, de théorie, d'instruction, de méditation, de documentation etc.

Appréhender l'existence, la connaissance du vodou, en découvrir les postulats devient, de plus en plus, une richesse de notre identité à inventorier. Le débat « Aida Wedo – CULTURE VODOU » a simplement été informatif et fructueux. Merci à tous !

H F-L
Merci à toi Yanick et à tous pour avoir aidé à rehausser le niveau de cette conversation.

11- NUREMBERG

© 2004 Tom Griffin - UN APCs in Citè Soleil[9]

L'intellectuel se doit toujours d'agir et de baser son raisonnement sur des faits et garder le recule. Devrions nous aller vers un Nuremberg, il nous faudra juger en même temps, Aristide, Amaral et tous les sbires et chimères de ces vingt dernières années ; collecter toutes les plaintes des kidnappés torturés violentés, par les cellules du pouvoir, ceci serait une condition sine qua non de justice.

Nous attendons aussi une plainte publique de Madame Montas contre Jean Bertrand Aristide pour le meurtre de son époux. Oui ! Jean Dominique, celui par qui il nous vaut, en Haïti, de pouvoir nous exprimer librement, pour avoir été l'un des protagonistes de la lutte pour la liberté de la presse.

---

[9] http://haitiaction.net/News/HLL/4_22_5.html

Il nous faudra aussi et toujours nous accrocher aux principes et préceptes du droit qu'ils nous plaisent ou non, et être prêt à accepter les hémorragies virtuelles que pourrait provoquer le « lex Dura sed lex ». L'Histoire comme la pensée ne pourra souffrir d'aucune forme d'avanie ou d'iniquité qu'elle qu'en soit la cause, et le respect des principes devra être notre seule boussole.

Quand ces conditions ne seront pas réunies, il nous faudra faire comme nos pères qui ont mis de côté les différences entre Polonais, affranchis et esclaves pour nous donner cette patrie et notre drapeau. Notre bicolore est aujourd'hui foulé aux pieds par les souillures faites, à notre sol, à notre dignité, à notre peuple contaminés, aux votes réels de nos compatriotes écartés dans des localités et régions à fort suffrage pour respecter la trame des faux sondages concoctés pour nous ravir notre souveraineté.

Cette fois, de grâce n'écartez personne. Je parle des lavalassiens. Ils sont peut-être responsables de bien des maux, mais ce sont nos frères et compatriotes. De manière ostensible ou voilée, il n'y aura aucun article 291 pour garantir l'équilibre de quelque soit la faction ou prêter un flanc vulnérable aux intérêts de flibuste de nos néo colonisateurs, et prédateurs. Puissions-nous trouver dans le choc de nos différences idéologiques, de pensées et d'approches, la formule pour sortir Haïti de ses ornières. Ce sera au moins justice rendue, à nos aïeuls, au sang versé, par lequel tout Homme noir s'est vu entrevoir une Humanité.

Hans Peters

P R

@ Hansi — Avant tous les grands procès de l'histoire, il y a eu chronologiquement une victoire militaire ou politique permettant aux puissants criminels d'hier d'être jugés par le nouveau pouvoir.

Afin que ce jugement ne soit pas lui non plus une expression de la loi du Talion ou de celle de la jungle, il est impératif que ce nouveau pouvoir intègre une dimension et une expression différente et ne constitue pas le simple remplacement d'un homme par un autre et l'arrivée aux affaires de ceux que Jacques Stephen Alexis qualifiait de « Nouveaux Messieurs ».

Ce procès que nous appelons de nos vœux devrait alors mettre à nu les mécanismes de corruption, l'établissement des monopoles, la désinstitutionnalisation systématique, les pratiques d'enrichissement illicite, l'obscurantisme élevé au rang de politique d'État, le musèlement de la Presse, la destruction du tissu social et les atteintes contre les droits fondamentaux des citoyens. Ainsi et ainsi seulement on pourra enseigner à nos jeunes ce que fut réellement le Duvaliérisme !

Malheureusement, les gouvernements de l'après 90 qui se sont théoriquement inscrits dans une logique anti macoute en a repris les bonnes vieilles méthodes. Même si le personnel politique avait plus ou moins changé, nous nous sommes quand même retrouvés sous le joug d'un pouvoir personnel, kleptomane, népotisme, asservissant la PNH comme l'autre avait servilisé l'armée et remplaça les VSN par les Gangs des quartiers populaires.

Comment demander à celui-ci de juger celui-là alors que les structures pourries et fangeuses ayant engendré tous ces crimes étaient toujours en place ?

Ce n'est qu'à l'avènement d'un véritable pouvoir républicain, progressiste, solidaire et désireux de construire des institutions modernes que nous pourrons aussi régler les comptes de l'histoire.

Ceci nous évitera de voir se répéter sans fin et jusqu'à la nausée les mêmes situations, les mêmes exactions et les mêmes lamentations.

De plus, c'est uniquement en tournant résolument le dos aux pratiques du passé que nous pourrons penser à reconstruire durablement notre Pays.

Fraternellement vôtre !

C E D

Ce n'est qu'à l'avènement d'un véritable pouvoir républicain, progressiste, solidaire et désireux de construire des institutions modernes que nous pourrons aussi régler les comptes de l'histoire.

Ceci nous évitera de voir se répéter sans fin et jusqu'à la nausée les mêmes situations, les mêmes exactions et les mêmes lamentations.

De plus, c'est uniquement en tournant résolument le dos aux pratiques du passé que nous pourrons penser à reconstruire durablement notre Pays.

Bien dis Pilou !

À ce stade de la vie nationale, une chasse aux sorciers ne fera qu'envenimer les choses. L'important pour le moment est la réconciliation nationale en vue de tacler les problèmes de sous-développement chronique et de la refonte de nos institutions. Je compatis avec tous ceux qui ont perdu les siens (deux Oncles disparus dans ma famille), mais la stabilité de l'état et la sauvegarde du patrimoine national devrait être notre priorité.

Nous devrions suivre l'exemple de Mandela qui a du prioriser la stabilité et l'intégrité de la nation sud-africaine au lieu de se livrer un Nuremberg Africain

G C

Continuons à mettre les points sur les I. Le pouvoir en place ne faisait-il pas partie du pouvoir lavalassien lors de l'assassinat de Jean Dominique ? Comment l'histoire pourrait-elle condamner Hitler et exonérer Himler ? Totalement confus lorsque le crocodile apporta une gerbe de fleurs à la vue. Pouvons-nous parler de Nuremberg quand il n'y a ni la décence, ni la compétence même préparatoire, voire élémentaire, quand la nation n'existe que de nom gouverné par ceux qui nous ont occupés dans l'histoire, en ajoutant quelques autres vautours sournois, quand vices sont de mises et institutionnalisées, quand la décence est écartée et menacée à la moindre idée de rectifier la balance ? Depuis les flibustiers jusqu'aux boucaniers actuels, nous n'avons connus que des déboires, un long travail reste à faire, si vraiment nous voulons voir un Nuremberg.

J R A

Après avoir pris lecture de ces deux textes, l'espoir de voir une Haïti nouvelle ranime mon cœur. Nous avons encore, je peux dire, des gens qui pensent !

H P

@ Pilou — Je t'invite à consulter l'interview de Bernard Gousse sur Métropole Haïti, concernant les prescriptions et les recommandations qu'il a faites.

Tu conviendras avec moi qu'au moins les plaintes auraient dû être initiées. Au niveau d'une action internationale, cela aurait été peut-être différent.

M C-E

Pilou, je ne saurais m'exprimer aussi bien que vous l'aviez fait plus haut. La situation est telle que vous l'avez décrite. Nous avons perdu assez de temps et d'énergie en actes gratuits. Comme dit la Bible, « Que ceux qui sont sans péché lancent la première pierre ».

P R

On peut être parfaitement d'accord, ne serait-ce que parce que l'action initiée arrête la prescription encore que de par une jurisprudence internationale constante entérinée par des traités validés par nos parlements successifs les atteintes aux droits humains tout comme les génocides sont des éléments imprescriptibles !

Ceci dit, ma note répondait à ta question sur la possibilité de la tenue d'un grand procès de type Nuremberg pour juger Duvalier et exposer clairement ce que fut ce régime. Pour moi au vu de la permanence du type de pouvoir en vigueur chez nous, la réponse est Non !

On peut bien entendu le juger de manière précipitée mais ce sera une réédition du Procès Lafontant : une parodie de justice

@ Maryse, ce n'est pas ce que je voulais dire ! Pour moi Duvalier DOIT être jugé ! Je crains cependant qu'au vu du contexte prévalant actuellement, il ne s'agisse d'une parodie de justice. De plus, ce que souhaite Hans Peters, à savoir un vrai Procès permettant de mettre à nu l'horreur permanente de ce régime, n'est de ce fait pas possible POUR LE MOMENT !

H P

D'où tu comprendras ma deuxième intervention : « au niveau d'une action internationale cela aurait été différent ». Mais j'en demande plus, pas Duvalier, seul Aristide aussi, ironie de l'histoire ! L'on se demande aujourd'hui lequel des deux régimes a été le plus féroce, le premier ou le deuxième. Les exactions du pouvoir Lavalas ont été à mon avis encore plus virulentes et sanguinaires

Là encore, ce n'est qu'une opinion personnelle. Par contre, je pense et je demeure convaincu qu'il nous faut transcender à cause de tout cela et aller de l'avant en reconnaissant que nous sommes frères et que nous avons une Nation à sauver du joug malicieux d'un occupant en habit de touriste.

J-H P

Haïti se youn peyi san lòd e san jistis. Que peut faire le citoyen qui souhaite de voir un vrai changement quand même son vote ne va pas compter ?

P R

@ Hansi — Nous sommes légalistes et juristes. Il n'y a pas lieu d'établir de comparaisons, mais de sanctionner des pouvoirs qui ont tous deux fait des torts énormes à notre Pays et violé à peu près tout notre arsenal de lois.

H P
Comme l'ont fait nos ancêtres, il y va de notre survie. Le vrai ennemi n'est pas celui que l'on pense, mais celui qui nous dresse encore après deux siècles les uns contre les autres.

Nous-nous devons de transcender comme l'ont fait nos ancêtres et cesser de nous battre les uns contre les autres. Nous faisons le jeu de l'adversaire.

Au niveau des instances saisies va se poser le problème de la compétence.

P R
Violé !

M C-E
Pilou, j'ai bien compris la première fois et je suis en parfait accord. Merci quand même pour la clarification.

M-C M S
Aucun procès ne saurait être imposé à Jean Claude Duvalier que je considère une victime de plus du régime totalitarisme de son père François. Il serait donc injuste de le faire payer pour les sbires dont il a hérité les forfaits et qui agissaient au nom du pouvoir et le plus souvent à son insu.

D'autant que je considère que l'époque se prête plus à la concentration sur les moyens d'ouverture sur des projets de reconstruction d'une Haïti nouvelle, sans limitations de clans.

T L H
En dehors de l'évidence même des atrocités causées par les régimes de Duvalier et d'Aristide — puisque nous sommes malheureusement rendus aujourd'hui à les comparer — et de notre devoir de les faire juger (pénalement ou politiquement), mes inquiétudes se portent plutôt sur notre capacité de peuple à ne pas sombrer dans le délire ou, carrément, la démence.

Je suis offusquée par tout ce que j'ai pu entendre et lire. Tant de propos infâmes depuis ce dimanche s'échangent entre les membres d'une même famille, d'amis et de collègues de longue date ; d'anciens et de nouveaux politiciens, de (supposé) journalistes et même d'inconnus s'avilissant d'échanges ignobles.

Toutes ces ignominies parce que des sadiques ont concocté la situation du moment — comme si nous avions besoin de plus de discorde entre nous – rien que pour leurs fins personnelles.

À moins que l'on soit devenu un peuple de désaxé, il me semble impensable que JC Duvalier puisse se poindre en Haïti en coup de théâtre et jouir de ses droits civils, sociaux et (il paraît) politiques, comme si, vingt-cinq ans après, nous n'avions plus la mémoire de ses atrocités commanditées ou exécutées par lui ou par ses exécuteurs (même si, admettons-le, son régime était un peu différent de celui de son père). Qu'il ne puisse être jugé pénalement parce qu'une ordonnance de 10 ans l'interdit. Nous nous devons de faire notre mea-culpa vis-à-vis de notre insouciance (surtout celles et ceux d'entre nous qui ont été dans les coulisses du Droit) de n'avoir pas porté plainte ni les renouveler. Attendions-nous qu'un des gouvernements d'après 1986 dépose ces plaintes à notre place !

Nonobstant cette absence de jugement pénal, je pense sincèrement que notre peuple a besoin d'une quelconque forme de jugement (historique) pour le régime des Duvalier (père et fils) dont le fils a hérité fièrement. Est-ce qu'un simple pardon décliné de vive voix sur le territoire haïtien n'aiderait pas à notre cicatrisation, je n'en sais rien !

Il m'est inconcevable idem d'imaginer un retour de JB Aristide sans aucun jugement. Qu'en est-il des plaintes ou des renouvellements de plainte contre lui aujourd'hui, alors que la prescription de 10 ans, dans son cas, court encore jusqu'en 2014 ?

Comment ne pas sombrer dans le délire en remuant toutes ces histoires passées, mais, oh combien présentes ! Une histoire peut-elle se poursuivre avec une abnégation totale du passé ? Surtout ce passé récent où la concurrence et l'individualisme sont considérés comme des valeurs, où la violence est partout, où les valeurs viriles de domination nous poussent à nous écraser, où l'humiliation, la souffrance et la pauvreté sont des réalités quotidiennes.

Hélas, tout est devenu si simpliste et sans espoir que j'en suis terriblement lasse, car, oui, comme le dirait Jacques Stephen Alexis : « La désolante et pitoyable vie politicienne qui maintient ce pays dans l'arriération et le conduit à la faillite depuis cent cinquante ans, n'est pas mon fait. J'en ai le plus profond dégoût... »

A J A

@ Roxanne – « Qu'il ne puisse être jugé pénalement parce qu'une ordonnance de dix ans l'interdit, nous nous devons de faire notre mea-culpa vis-à-vis de notre insouciance (surtout celles et ceux d'entre nous qui ont été dans les coulisses du Droit) de n'avoir pas porté plainte ni les renouveler ».

Il y a un problème quelque part parce que quelqu'un peut commettre un génocide, puis partir pour dix ans et revenir dix ans et un jour après pour vivre au sein de la société comme si de rien n'était ! Ça alors !!!

C E D

Encore une fois, la famille haïtienne se trouve encore divisée, alors que l'on se retrouve dans des eaux troubles et que la barque nationale est en train de couler la narration politique est centrée sur les raisons pour lesquelles on devrait juger l'ancien capitaine du bateau. On a le choix : ou bien de sauver le bateau en détresse ou bien juger l'ex-tortionnaire ? Après le 12 janvier, on était une nation, mais c'était trop pour les ennemis du pays. Il a fallu aller aux élections ; une formule de division au sein de la société haïtienne. Les élections ont échoué lamentablement. Elles ont parachuté une vieille connaissance, un élément à la fois de division et de diversion et la querelle bat son plein, pour ou contre le jugement ? On se fait si facilement manipulé par certains secteurs. Qu'importe si la barque nationale descend dans l'abime, du moment qu'on a notre Nuremberg Tropical. Alors que certain vont jusqu'à minimiser le régime oppressif de l'Apartheid comme si P.W. Botha était un ange comparé a J.C.D et a J.B.A comme si les Banthoustan, le racisme, la machine infernale de Pretoria, 40 millions de prisonniers dans un pays transformé en camp de concentration le Goulague Africain n'est rien, comparer aux exactions d'Aristide et de J.C.D. I rest my case!

H P

@ Amery et Roxane — Les conventions internationales prescrivent qu'il n'y ait pas de prescription dans ce genre de cas effectivement. Malgré le principe juridique « Les lois internationales une fois sanctionnées prennent le pas sur les lois nationales ». Haïti s'est toujours réfugiée derrière un autre principe de droit international qui lui donne la pleine autorité à adapter ces conventions par des lois respectant ces spécificités d'identités sociales propres. La résultante est qu'aucune loi nationale n'a été votée, consacrant ce principe. De ce fait, les plaignants devraient à mon avis s'ils veulent avoir de meilleures chances d'obtenir justice saisir une cour pénale internationale. Mais, pour cela, il faut qu'ils aient un dossier en béton avec preuve. Et tout, là ou le bas va blesser parce que la plupart des tortionnaires sont morts, ou pour remonter à un coauteur ou un auteur intellectuel d'une infraction pénale il faut d'abord attaquer l'auteur direct du fait délictueux.

P J

@ Hans — Bien dit, mon cher frère.
@ Pilou — Chapo ba.

G C

Les conventions et lois internationales ont été créées par les lions, pour les lions. La raison du plus fort est toujours la meilleure. Cette vérité s'étale par catégories selon le prédateur. Une question permanente à se poser, d'où s'émane le pouvoir en Haïti ? Avons-nous un budget NATIONAL pour nous soustraire des dictées externes ? Avons-nous des institutions mêmes apparentes ? Avons-nous un pouvoir coercitif pour faire respecter les lois même à un gouvernement abusif? Presque tous les gouvernements en Haïti se sont livrés à des excès connus ou inconnus. C'est la MÉTHODE pour rester au pouvoir dans les petits pays. Nous ne sommes pas les seuls. Et souvent ceux qui veulent juger sont plus tortionnaires et voleurs, ne pointant pas le doigt parce qu'ils détiennent le pouvoir pour l'instant !

J R A

Je comprends cette soif de justice manifestée par toutes les victimes des régimes qui se sont succédé depuis 40 ans. Le pas a été marqué par les Ambroise qui avaient conduit les sbires de Duvalier au tribunal pour les juger. Les Ambroise savaient qu'en matière de droit existe ce que l'on appelle proscription. Il existe une limite en justice pour agir. Si des plaintes bien armées n'étaient pas déposées dans les délais prescrits par la loi pour la poursuite des crimes, avec appuis de preuves, je ne vois pas les possibilités de conduire légalement ces criminels à la prison après 30 ans. La loi est parfois dure, mais c'est la loi. La justice a aussi ses règles. D'aucuns pourraient penser que je me porte en défenseur du diable. Non, je suis le fils d'Ulrick Ambroise qui a fait la prison cinq fois sous Duvalier père. Ses tortionnaires lui avaient arraché les dents ; ils l'avaient battu et envoyé dans une prison du Cap. Cependant, je sais que vous aurez beaucoup de difficultés juridiques pour obtenir satisfaction. Bonne chance à tous et du courage surtout.

E S B

Merci Hans ! Merci Pilou ! Merci aussi à tous ceux qui ont, par leur intervention (s), apporté leur « grain de sel » ! Ne verrons-nous jamais notre soif de justice étanchée ? Seul l'avenir le dira.

N'ayant aucune compétence en la matière, je ne puis offrir que mon avis qui ne vaut peut-être que le poids des mots qu'il nous faudra bien commencer quelque part. Le reste, et bien le reste suivra !

A J A

@ Sanba — La bourgeoisie haïtienne est répugnante. JCD est un criminel qui doit faire face à la justice et payer pour ses crimes, mais il n'y a rien de démocratique en ce qui concerne Aristide qui est aussi non seulement un voleur et un criminel, mais également un crétin qui a eu toutes les opportunités pour bien faire, mais a choisi la route du mal. Oui, Jean Claude était un dictateur, mais Aristide est diabolique.

V L

Merci à Hans, à vous toutes et vous tous pour ces commentaires. Plutôt qu'un procès de Nuremberg, il me semble que ce sera — ou ce serait — plutôt un nouveau procès de la Consolidation. Je suggère à toutes et à tous de « rafraichir les lisières de leurs mémoires à ce sujet. Entre autres, nous découvrirons avec surprise ce que sont devenus certains des accusés/condamnés de ce procès. Enfin, j'ai peine à comprendre qu'en ce début d'année 2011, le retour de Jean-Claude semble être plus important que la lutte contre le choléra (quelques 4000 morts à date, epi vle pa vle ils/elles sont nos sœurs et frères) — si lutte il y a – sans oublier les élections frauduleuses. Pauvre Haïti !

J R A

Le plus grand problème que nous avons c'est notre façon d'aborder : passionnellement, émotionnellement.

Fanatiquement les choses sérieuses. Haïti traverse un moment ou les têtes chaudes n'ont pas leur place. Toute société est régie par des lois ; lois qui garantissent la tranquillité, le respect, nos biens, notre intégrité physique, etc. Ces lois quelquefois ne peuvent satisfaire l'appétit de justice de toutes les victimes. Non parce qu'elles sont incorrectes, mais ces victimes le plus souvent, les ignorent quelques fois ou ne connaissent pas leur fonctionnement. Ils se sentent frustrés ou abusés.

Savez-vous cependant que la loi même nous dit que nul n'est censé ignorer la loi ! La loi diton est un couteau à deux tranchants. Si vous ne savez pas l'utiliser à bon escient, elle se retourne contre vous.

Je souhaite en tant qu'Haïtien comme vous d'agir calmement et rationnellement pour ne pas avoir à pleurer comme des enfants ce que vous n'avez pas su défendre comme des hommes. Tout en partageant vos inquiétudes.

V L

@ Amery — Merci pour l'éclaircissement ! En lisant les commentaires (FB) ou la presse, en écoutant la radio (lakay), il serait difficile de savoir qu'une épidémie de choléra fait rage nan peyi Ayiti. Et je pense que c'est dommage. À chacun son opinion !

À J A

Je suis complètement d'accord avec la loi et toutes ses procédures, mais mon point de vue est simple : quelqu'un comme JCD ne peut pas revenir vivre dans ce pays comme si de rien n'était. On suivra la loi comme il le faudra, mais JCD doit être jugé et puni.

@ Victor — Je ne sous-estime pas le dilemme du choléra qui est peut-être le dernier cri, mais certainement pas le seul problème où la source de tous les problèmes d'Haïti. Le problème d'Haïti est et a toujours été l'Haïtien !!! Ceci est un problème beaucoup plus difficile que le choléra à résoudre. Le choléra est le résultat de la présence des

Nations-Unis en Haïti, alors pourquoi est-ce qu'elles sont là ? Parce que, parce que, parce que, etc.

L'arrivée d'un type comme JCD en Haïti ne peut pas être ignorée ; c'est tout !

(Correction) Je ne sous-estime rien du tout !

J R A

Il me semble que les vrais ennemis du pays atteindront comme toujours leur objectif, qui consiste à nous jeter les uns contre les autres. Le phénomène Jean Claude n'est pas un fait du hasard. C'est un élément de discorde jeté parmi nous pour distraire notre attention du véritable problème que nous devons résoudre incessamment. Notre problème d'instabilité politique qui lui quittera leur prétexte à la puissance qui somme toute ne veut pas quitter le pays pour continuer à le piller, ou faire de nous un tremplin pour continuer son contrôle des caraïbes.

Unissons-nous pour reprendre les rênes de notre pays même aux prix des plus grands sacrifices. Même au prix de ce qui pour certains paraitrait inacceptable. Mais le temps justifiera notre sacrifice. Quand un père refuse son assistance à son fils, il est forcé de se diriger vers son beau père.

Un an après le séisme, si les pays dits amis ne font rien pour le pays, il nous faut nous lier à ceux qui jusqu'à présent sont les seuls qui nous ont apporté leurs aides inconditionnelles : le Venezuela, Cuba et le Brésil. Il nous faut avoir le courage de le dire. Advienne que pourra.

B D

Il a parlé ; il a tout dit.
Entendre JCD parler me rappelle une Haïti d'antan avec beaucoup de souvenirs. C'est triste de voir notre pays d'aujourd'Hui.

A M

Nous avons tout perdu. La qualité d'enseignement que nous avons connu n'existe plus. Dans la quasi-totalité des écoles en Haïti, l'enseignement se fait en créole. Les Haïtiens revendiquent haut et fort leur créolité. Ils sont des créolophones. Le français est considéré comme une langue pour les tulututu, c'est bien dommage !!!!!

B D

La majorité emporte. C'est une population créolophone et l'on n'en disconvient pas. Cependant, une langue reste une forme de communication entre les gens. Le problème que j'ai, c'est que dans la mentalité haïtienne, le français est considéré comme une langue bourgeoise. Ceux qui parlent et écrivent le français sont considérés comme de petits bourgeois. À La Martinique et en Guadeloupe, le français est d'usage courant ; qu'elle est la différence ? Il faut finir avec ce préjugé de langue. Je parle, mwen pale = la même chose/menm bagay.

A M

Le problème c'est que la quasi-majorité ne parle pas le français. La différence avec les Antillais, c'est que nous nous pensons encore plus Français qu'eux !!!!!

B G

Ils ont aussi leur créole. Ils ont les 2 langues. Qu'importe ! Nous avons ce préjugé chez nous avec le français comme langue des zuzuzus. Le français est comme n'importe. On l'apprend et l'on communique entre nous. C'est tout. Comme l'anglais, l'espagnol, etc. Nous autres dans la diaspora nous parlons 3 langues. C'est tout.

À M

Je suis d'accord avec toi, mais cela reste valable pour nous, pas pour ceux qui ne comprennent rien en rien.

Vas en Haïti et tu te rendras vite compte que tu ne peux t'exprimer en français sans que l'on te prenne de haut. C'est une réalité ma chère Brigitte, nou en dekadance, pa rete nou anyen ankò, péyi sa ap mouri a peti feu ! Remarquez que toutes les conditions sont réunies pour....

B D
Qui sont les responsables?

A M
Nous tous, chère Brigitte. Si nous sommes tous victimes des exactions de nos satanés leaders, de leur mauvaise gouvernance, nous portons également une part de responsabilité dans la décadence de notre pays. C'est une responsabilité collective que nous devons tous partager, et ceux qui ont envie de se défausser se leurrent et feraient mieux d'analyser les paramètres de ce pays en profondeur, se regarder bien en face!!

O L J
Brigitte, la population est creolophone parce que comme le dit Andrieux il n'y a plus de professeur pour leur apprendre le francais. C'est la democratie par le bas, le nivellement est plus facile par le bas que de souvlever la barre plus haut...et c'est malheureux.

P J
C'est bien de parler plusieurs langues. Cela ouvre l'esprit et élargit les horizons. Comme le sport, cela favorise le rapprochement des peuples. En Haïti, malheureusement, le français ne contribue pas au rapprochement des citoyens haïtiens. Il n'est pas un outil de communication, comme toute langue, mais une façon de se distinguer, un instrument de snobisme. Les beaux discours en français, comme les messes en latin, réjouissent les élites, même celles qui parlent mal le français ou ne comprennent rien au latin. Pourquoi l'intégration du créole, la langue parlée par tous les nationaux, doit-elle considérée comme un nivellement par le bas ou un signe de décadence ? N'est-ce pas plutôt une marque de pragmatisme, un moyen pour se faire comprendre par tout le monde, l'occasion pour un peuple de vibrer sur la même fréquence ? « Pale franse pa vle di lespri. Kreyòl pale, kreyol komprann ». Encore cette xénophilie aveuglante, parmi les autres

héritages asphyxiants de l'infâme période coloniale; cette mentalité qui prédispose chaque Haïtien à mépriser ses composantes culturelles et à haïr les siens. Et ce n'est pas là un jeu de mots.

G J-M

— Paul, j'apprécie ton point de vue, mais sois plus ouvert
— Marie, j'apprécierais que tu clarifies nettement ton point de vue.
— O L J, je supporte ta position contre le nivellement par le bas, mais je ne suis pas contre l'introduction de la langue créole dans le système éducatif en Haïti.
— Brigitte, ta position me parait celle d'une militante pour la langue créole.

Je pense que les citoyens des pays sous-développés sont dans l'obligation de pouvoir communiquer dans une langue étrangère, réalisme oblige.

Malheureusement, en Haïti, la langue française est utilisée tantôt comme un fonds de commerce tantôt comme un outil de positionnement social et/ou de marginalisation de la masse des créolophones, analphabètes.

Cette réalité, dans le temps, arrangeait certains Haïtiens qui n'ont eu que cela sur leur carte de visite, mais c'est révolu.

Depuis le début de la réforme éducative de Joseph C. Bernard, la langue créole est enseignée à l'école ; ce qui est une louable décision. Ce qui a donné lieu au droit à la parole (socialisation) entre tous nos concitoyens.
— la réduction des lieux de mystification et de préjugés en Haïti
— la participation de tous les fils d'Haïti aux avenues du pouvoir.

Ce qui a aussi donné lieu à un certain nombre de dérives politiques et sociales.

Le dilemme est que le fait de ne pas pouvoir s'exprimer dans une langue étrangère, élargit aussi les limites de l'Haïtien à l'internationalisation ; ce qui dans le futur, peut nous réduire en une forme de tribu.

La triste réalité est que la plupart de nos professeurs et intellectuels, mêmes les plus connus, ont des difficultés à s'exprimer aisément dans la langue française. Assez souvent, c'est du faire semblant à la fois démagogique et prétentieux.

Pour la plupart de nos professeurs, leaders, intellectuels, citoyens, animateurs de radio, leaders politiques et, la communication française est souvent pour eux un mélange de mots créoles et français : démagogie, faire-semblant, prétentions d'intellectuels.

Chaque langue à ses composantes ; quand on choisit de l'utiliser pour communiquer, on doit l'apprendre et la connaitre. Parlons les langues pour pouvoir nous socialiser, mais sans faire semblant et sans mystification des autres.

Cette question est complexe et ne saurait être épuisée dans cette seule intervention. Elle est à la fois culturelle, idéologique et géopolitique. Qu'en pensez-vous ?

O L J

@ Guillaume – Cher Mr, à vous lire me renforce la conviction de l'inutilité pour un Haïtien d'aller a l'école pour apprendre le créole. Notre génération parle bien son créole. Une langue est intéressante parce qu'elle véhicule la pensée, l'économie, les sciences sociales, le culturel, la politique, etc. Par le parler créole les faits sont là : un peuple abêti, vulgaire, bossal, corrompu, sans force intrinsèque, assimilé, pour ne citer que ces caractéristiques présentent l'actuelle génération haïtienne qui vit à l'étranger.

Quelles pensées positives peut véhiculer ce patois, parlé différemment dans de différents pays qui le parlent et à l'image de ces tribus, elle divise plus qu'elle unifie.

Les Haïtiens ne s'habillent plus comme ils le faisaient autrefois. C'est la mode des sandales dans les bureaux publics et des dreads pour les hommes. Un journaliste dominicain eut à rappeler ce lundi à notre président en visite qu'il manque à son quorum. Mr Preval était sans cravate ; c'est le nivellement par le bas, pour me redire.

A M

Nous autres qui parlons et écrivons le français, nous l'avons appris sur les bancs de l'école et à la maison aussi, mais combien ont eu cette chance depuis quelques décennies déjà ?

O L J

C'est le pays de la médiocrité maintenant un désastre sans fin.

B D

À vous tous, je suis fière de voir combien entre nous sommes conscientes de la situation.

A C

J'ai beaucoup aimé les analyses de Paul. J'aimerais savoir ce que tu penses Marie, avec un petit peu de détail, si c'est possible.

Marie, nous sommes en train de faire face à un problème à partir de différents points de vue. Il est malheureux de constater que le niveau de l'éducation s'est rabaissé de manière désastreuse. Mais est-ce à cause du créole, ou faut-il chercher ailleurs ? « Le créole à l'école est le nivellement par le bas » qui semble être une inculpation non seulement de la langue, mais de la grande majorité qui la parle.

À maintes reprises, j'ai exprimé mes positions, non pour avoir la satisfaction d'avoir gain de cause, mais plutôt pour essayer de trouver une plateforme commune d'où nous pourrions lancer une nouvelle stratégie pour sortir de cette situation infernale et améliorer notre sort. Dans un ancien poste, tu as posé la question « par où commencer ? ». Tu sembles douter de notre habilité intrinsèque, ou même convaincue de notre inhabilité à résoudre nos problèmes. Mme Joseph que tu as citée semble s'attarder un peu plus sur les formes que la substance.

Pale franse pa vle di lespri. « Pawòl pale, pawòl konprann », est une perception honêtte. Le créole, notre peinture, notre musique font partie de notre culture, par conséquent, sont une expression de notre âme. Ma position est simple et claire, je suis tout à fait persuadée que nos problèmes ne viennent pas du fait que nous sommes des êtres inférieurs. Nous sommes là où nous sommes, parce qu'il y a un manque de savoir-faire. Si on a un problème médical, on va voir un médecin ; si l'on veut bâtir une maison, on va trouver un ingénieur ; si l'on veut rédiger un contrat, on cherche un conseiller juridique, ainsi de suite. Ce n'est ni le créole, ni l'Haïtien qui sont incapables.

Nous avons besoin d'éducation, et d'aide technique ! Commençons avec cette affirmation : oui nous sommes capables !

O L J

L'entrée réelle du créole dans la formation éducative haïtienne a commencé par le constat de l'absence de bons professeurs qui ont tous laissé le pays pour aller enseigner ailleurs aussi pour plagier l'exemple de certains pays comme les Shelelles. Lorsque le créole fut intégré dans l'école en Haïti, les livres de grammaires créoles venus des Shelelles étaient utilisés. Mais le Shelelle n'a pas remplacé le français par le créole comme nous le faisons. Ils ont additionné le créole à leur curriculum comme langue secondaire obligatoire.

P J

Quelques observations et réflexions à l'attention de tous.

1. Haïti est peut-être le seul pays au monde où la langue parlée par tout le peuple n'est écrite que par une minorité « zwit » et n'est devenue officielle, sous pression, qu'après cent quatre-vingt-cinq années d'indépendance. Singulier petit pays. Singes de peuple. Ret sezi.

2. Les Français apprennent le français à l'école. Les Américains étudient l'anglais. Etc. Mais certains Haïtiens semblent prendre pour acquise leur langue nationale. Ils ont l'intime « conviction de l'inutilité pour un Haïtien d'aller à l'école pour apprendre le créole ». En auraient-ils honte ou peur ? Des deux côtés le mal serait infini. Tout jan nou pran.

3. Extrait d'une réflexion recueillie sur le web[10].
« La littérature haïtienne d'expression créole, à l'inverse de celle de la langue française, n'a certes pas fleuri. On conçoit bien que dans ce climat de colonisation et de colons aux préjugés absurdes, le patois – créole — ne pouvait pas être caduc. Deux ou trois textes, pas plus, ont ete repêchés de partout jusqu'à la publication par Choucoune du célèbre poète Oswald Durand (1840-1906). De plus, entre 1750 et 1950, près de deux siècles de vie, on ne peut malheureusement compter que cinq à six poètes s'exprimant en marge du créole. Tout cela prouve que depuis toujours le créole fut et est une langue « méprisée et négligée par les intellectuels haïtiens ».

Décidément, la « révolution » haïtienne n'a pas fini de renverser les gros préjugés et les complexes. Elle a laissé en place l'échelle de valeurs subtilement glissée dans nos esprits par nos anciens maîtres et jalousement sauvegardée par leurs successeurs. Victimes (parfois volontaires) de cette échelle importée, nous infériorisons sottement tout ce qui nous est propre, à savoir notre religion ancestrale, la couleur de notre peau, la texture de nos cheveux et, bien sûr, notre langue nationale. 1804 sete trokèt la, chay la dèyè.

4. Pour ceux qui savent apprécier et qui ont pris le temps de les lire ou de les écouter, les poèmes d'Oswald Durand, les dialogues dans les romans tels Gouverneurs de la Rosée de Jacques Roumain ou Thémistocle Epaminondas Labasterre de Frédéric Marcelin, les

[10] http://www.haitiwebs.com/showthread.php?t=55105

causeries de Maurice Sixto, les pièces de théâtre de Francketienne, les proverbes créoles, parmi d'autres chefs-d'oeuvre de la littérature haïtienne créole, sont très enrichissants pour ce qu'ils véhiculent de sagesse, de pensés économiques, sociales, culturelles et politiques. Ipokrit ap sezi.

Africano-haïtiens, valorisons les nôtres sans rejeter les autres. Un peu de respect !

12- LA DIASPORA HAITÏENNE, UNE EAU DORMANTE !

Nous sommes un peuple trop éclaté, trop explosé, pour faire une vraie Révolution. Les révolutions se font sur le terrain jusqu'à preuve du contraire. Près de la moitié du peuple haïtien se trouve hors de ses frontières. Je dis souvent que la Diaspora haïtienne est une eau dormante, amorphe, quasi inconsciente de la dure réalité de son pays.

J'ai en tête les jolis commentaires à l'eau de patriotisme « Si tous les intellos haïtiens revenaient dans leur pays, il y aurait moins d'analphabètes en Haïti ». Et pourquoi avons-nous fait le choix de le déserter ? Ou l'initiative de notre ministre « Le transfert des compétences pour Haïti ». Langue de bois, notre ministre est comme tout autre citoyen de ce pays, imbu de sa situation dégradante, de son ambiance délétère et malsaine, dans lequel l'État peine à rétablir son autorité, et assurer la sécurité des biens et des personnes. Qui d'entre nous prendrait le risque de s'établir dans ce bourbier ?

Nous envions la Révolution des autres, mais nous sommes incapables de faire la nôtre, parce que nous sommes pétris d'inconsciences, et de peur. Résultat : « Le peuple haïtien a perdu jusqu'à la foi en son avenir et au destin de grandeur de son pays, du fait de la mauvaise gouvernance, de l'irresponsabilité, l'impéritie et l'impunité qui sont devenues la règle d'or ». Si nos ancêtres nous ont transmis le matériau qui leur a permis de se libérer de leurs chaines, je veux parler de la résilience, les décennies de dictature nous ont laissé la peur en héritage. Ainsi, nous trainons des pieds à redevenir ce que nous sommes au plus profond de nous, des Haïtiens, dignes héritiers de nos aïeux ; et si nous redevenions des dessaliniens, ou des louverturiens ?

Tandis que nous avons revêtu nos costumes de « marron », de non-syndiqués des temps modernes, nous laissons la charge des revendications à nos frères du dedans, qui, dans leur désarroi et leur vulnérabilité, frappe du pied de temps à autre, nous disons dans un silence coupable, qui ne dit pas vraiment son nom (lâcheté !! *Revandike, lè fwi a mi, na manjel ansam*) !! Mais leurs actions aussi courageuses que sont-elles ? Elles sont mal pensées et mal encadrées, et ne peuvent que se retourner sur eux-mêmes. Elles ne sauraient être pérennes pour assurer une bonne Révolution, et son devenir. Et que fait le résidu « d'élite bourgeoise, intello » encore présente ? Elle se comporte en fugitive, se cachant à qui mieux, stigmatisée par la propre lâcheté, sa couardise. Pourtant, nous devrions garder à l'esprit, comme nous dit le Dr Joseph, « qu'HAÏTI est la terre de tous les Haïtiens, où qu'ils se trouvent. Ils ont le droit d'y vivre en paix et le droit de travailler à l'embellir let à lui redonner son vernis et sa fierté d'antan ».

Ne nous faisons pas d'illusion, la Révolution en Haïti se fera avec son peuple, dans toute sa composante, avec celui du dedans comme celui du dehors, parce qu'on n'a jamais vu un pays se construire sans ses propres enfants. Lorsque nous Diaspora nous aurons notre dose d'injustice, comme tous les autres nous nous joindrons à nos frères et nous prendrons la résolution d'agir. LA RÉVOLUTION SERA EN ROUTE. Le « VIVRE LIBRE OU MOURIR » raisonnera à nouveau dans nos villes et nos campagnes, et là, nous redeviendrons ce que nous avons toujours été : Des Haïtiens fiers, dignes héritiers de nos courageux ancêtres !! (N'avez-vous pas remarquez que nos despotes ont peur de nous ? Malencontreusement, aucun des candidats de la Diaspora dans la course électorale n'a trouvé grâce à leurs yeux) !!

D'un revers de texte constitutionnel, bien scélérat celui-là, nos traites, nos corrompus, nous ont écarté manu militari des affaires de la Cité. Nous n'avons pas le droit de vote, punis pour avoir opté pour la double nationalité, mais alors, même ceux qui n'ont pas choisi cette option, ne votent pas non plus, sous couvert que les moyens techniques sont inexistants (d'après le ministre en charge de la Diaspora). Toutefois, nous sommes des contribuables en puissance, la Banque informelle de la République ! De qui se fout-on ? À force de battre, mon cœur s'est arrêté !

Enfin, donnons-nous du courage et gardons à l'esprit que tous n'est pas perdu, puisons-nous reprendrons la phrase d'Alain Finkielkraut : « Une nation se dédommage de l'humiliation qu'elle subit par la découverte émerveillée de sa culture », et j'ajouterai, de son histoire !!!!

Marie Andrieux

T N

J'ai lu ton exposé. Je vois ton intérieure et la flamme de feu qui allume au-dedans. Les mots que tu relâches ont une force puissante, et le message est délivré. Il reste à nous de faire nos pas

M A
Merci Thomas. J'essaie de rallumer cette flamme qui est dans chacun de nous ; secouons nos « *macoutis* » pour expulser nos vieux démons. *Sa a pèmet nous pran konsyians de sa nou ye pou nou aji pou péyi nou* !!!

N S
« La Diaspora, une eau dormante » ; je ne crois pas. Je n'en sais pas trop ! Je sais pour certains que l'individualisme ne dort pas chez la majeure partie de nous Haïtiens, en Haïti. Et la Diaspora est l'un des plus grands problèmes de notre pays. Il nous faut un catalyseur très puissant pour résoudre ce problème. Notre patriotisme n'est pas assez, c'est à ne rien comprendre. Notre devise n'est plus l' « Union Fait la Force », mais plutôt « Chacun pour soi technique pour tous » ; *toutt koukou klere pou je w* !

A M
Mon frère, si nous ne constituons pas une eau dormante, comment se fait-il que nous ne représentions qu'un poids économique de notre pays ? Avons-nous des représentants qui puissent faire passer nos idées ? Sommes-nous unis dans un regroupement pour peser tout notre poids dans la balance ? Non ! Et pourquoi ?

N S
Bien sûr Marie, bien sûr en Haïti ils veulent de notre argent ; pas de nous. Le poids économique que nous représentons est justement individuel. Chacun prend soin de sa famille avec un peu d'argent mensuellement ou de temps en temps. Si nous n'avons pas de représentants pour faire passer nos idées et faire valoir nos droits, justement c'est que nous ne travaillons pas pour la collectivité ou collectivement pour aboutir à un résultat commun pour tous. C'est là que l'individualisme nous tue. Alors que l'on parle du ministère du 10e département, mon ! En plus, ils nous prennent pour des imbéciles. La réponse à ta question reste et demeure l'individualisme, très chère. Imagine un peu les Haïtiens vivant aux E.U.,

au Canada, en Europe, en Amérique du Sud, en Amérique Centrale, et aux Antilles. Imagine un peu cette force économique et intellectuelle pour l'avancement socioéconomique et politique de notre pays.

Malheureusement, nous sommes un poison violent pour nos dirigeants en Haïti, non seulement ces derniers, mais aussi nos élites. Ils ne veulent pas, même s'ils chantent ça assez souvent, malheureusement ils chantent faux.

C E D

@ Marie — C'est parce que nous ne sommes pas unis, tout simplement. Il y a trop de division parmi nous, c'est une société à la verticale *où tout moun ap voye monte san yo pa kon de ki sa yap pale, e ke moun ki konnen kankou ou yo pa pran yo o seriew. Ayisyen se konosko*. Il serait très difficile de réaliser en Haïti ce qui s'est passé en Égypte à cause de cette division qui déchire notre société.

A M

D'une part, l'autre handicap, c'est notre éclatement, mais nous pouvons nous y remédier. Le problème est à moitié résolu puisque nous l'avons cerné. Ce qui nous manque encore c'est l'argent. Nous savons bien que nous ne pouvons exiger des sommes faramineuses à nos compatriotes ; *tout moun razè* ces temps-ci, si avons un objectif de mille ou de dix milles sur 4 mois, en cotisant 1, 2, 5 $ € par personne, sur un temps donné nap gen ampil kob.

Nous avons à notre disposition des banques de développement ; à nous de nous organiser pour mettre sur pieds des projets porteurs. Nous avons toutes les ressources humaines de la Diaspora. Nous avons commencé à nous réunir pour échanger nos idées sur la façon de nous mettre ensemble. Nous nous réunissons à l'aide de Skype pour nos conférences. Si tu veux nous rejoindre, inscris-toi auprès d'Emmanuel B. Viens mon frère, ensemble nous serons plus forts, tu y es déjà Nicolas ! *An nou ale, y lè pou nou fé on bagay seryie*.

G H

Mon cher, franchement, tu as totalement raté ta vocation toi. Tu devrais être un politicien, mais c'est bien malheureux puisque tu t'es trouvé dans le mauvais clan. Tu es devenu de ce fait un raté.

A M

A qui parles-tu mon frère ?

G H

Je parle avec Nicolas. J'ai bien dit « Mon cher » masculin singulier. lol

A M

Dire de quelqu'un qu'il est un raté n'est pas très gentil, il y a mille façons de l'enrober pour que cela soit moins dur ! Enfin, je pense !

C E D

@ Gauthier — Quand tu n'as rien de positif à dire, tu ne dis rien (FB Étiquette). Je suis certain que tu n'aimerais pas que l'on te fasse cela à toi-même. Amicalement, respectueusement !

E P

Après plus d'un an à la tête de notre ministère, je suis totalement convaincu qu'avec une bonne équipe cet organe est capable de jouer son rôle de plateforme des actions de la diaspora en Haïti. Cette courte gestion (jusqu'en mai) a prouvé que l'on peut faire les choses de façon différente. Le MHAVE est l'espace étatique qu'il nous faut renforcer pour qu'il constitue la grande porte d'entrée de la diaspora en Haïti. Contrairement à des commentaires sur ton message, Marie, je suis d'avis que nous avons par la voie de ce ministère une part de la gestion des affaires publiques chez nous. Nous devons assumer ce rôle. En un an et quelques mois, il a été impossible d'atteindre tous nos objectifs vu l'image peu performante que trainait ce ministère depuis 16 ans, mais nous sommes sur une nouvelle voie.

C E D

@ Edwin — J'applaudis et j'admire ton initiative, mais le problème du pays va au-delà des performances de votre ministère. À présent, l'État haïtien est pratiquement inexistant, il est dysfonctionnel, archaïque et corrompu. La refonte de nos institutions est la condition sine qua non de tout changement. C'est un système qui ne répond plus aux besoins de la nation et c'est la raison pour laquelle les ONG se sont pratiquement substituées à l'État, car ce dernier a complètement démissionné de sa mission qui est de veiller au bien-être de la nation.

A M

Monsieur le Ministre, ce n'est pas le temps qui fait que. C'est à mon humble avis une question de crédibilité, on ne peut composer avec un gouvernement fantoche, corrompu jusqu'à la moelle, qui est devenu de surcroit illégal. Attendons la prochaine législature et nous en reparlerons.

E P

Nous sommes en partie d'accord Charles. Pour moi, il ne s'agit pas de simples performances ministérielles isolées dans une situation aussi complexe, sinon à viabiliser une action concertée de la diaspora en Haïti. Les ressources humaines, économiques/financières sont dans la diaspora. Le grand défi c'est d'assurer leur vaste mobilisation pour la refonte de la nation que tu suggères. Qui peut faire ce travail dans plus de 20 pays du monde avec les divisions pour le leadership communautaire dans les différents pays d'accueil de la diaspora ? Ce sont les raisons pour lesquelles j'insiste, Marie, c'est à dire nous de la diaspora, devons exploiter cette participation qui nous est offerte par la voie de NOTRE MINISTÈRE.

Je n'attendrai pas passivement la 49e législature, il y a un lobby à faire Marie, pour le vote de la double nationalité et la participation électorale. Nous avons un calendrier de contacts et de réunions avec des législateurs et même avec les candidats finalistes. Que nous soyons d'accord ou non avec la façon dont les choses se sont déroulées pour le processus électoral, la réalité c'est que de nouveaux responsables s'apprêtent à prendre les rênes. En tant que fonctionnaire jusqu'au 14 mai, et en ma qualité de membre actif de la diaspora, je continuerai à lutter pour cet espace politique qui est notre, le MHAVE.

A M

Oui, mais Mr le Ministre, on ne peut parler à nos compatriotes de ministère pour le moment. L'on sait pertinemment ce que cela va donner. Dedans comme dehors on va les effaroucher ; laissons-nous faire notre petit tour d'idée, pour essayer d'atteindre le plus grand nombre pour nous mettre dans une structure, nous pouvons commencer par les plus grandes métropoles des E.U, de la France et du Canada, et nous ferons appel au Ministère après. Promis !

E P

Bon, ce n'est pas l'impression que j'ai à partir des réunions communautaires ouvertes tenues dans la diaspora. Je n'ai eu aucune crainte à faire ces exercices, avec la présence même des opposants les plus farouches du gouvernement, à N.Y., Miami, Montréal, Boston, Paris, Marseille, Genève, Barcelone, Madrid, Mexico, La Havane, Santiago, Camaguey, Santo Domingo, La Romana, dans les bateys et Santiago de los caballeros, entre autres. Bien sûr, il y a eu des critiques, même légitime à propos de la gestion gouvernementale globale, mais en ce qui a trait à notre secteur, nous avons vu la nécessité que notre ministère renforce son leadership, et qu'il joue son rôle de régulateur. D'autant plus qu'il existe déjà des structures, Marie. Aux États-Unis, une fédération a vu le jour. À Québec, le GRANH, qui a Degas selon ces initiateurs, une dimension globale avec GRANH-Monde. En France, il y a la PAFHA. Bien avant ces structures, dans toute la diaspora il existait déjà plus de 800 organisations communautaires. Pour bien commencer, ou recommencer, nous devons rétablir l'autorité de l'État dans notre secteur.

A J P
Très bonne gestion. Je vous en félicite. Je constate qu´il y a encore des hommes compétents et honnêtes qui aiment leur patrie. Donc, il faut faire suite à ces œuvres. Haïti a subi parfois du sectarisme politique, ce qui a causé parfois le mal fonctionnement du pouvoir. Il est temps de faire appel à la compétence, non à la médiocrité.

A M
Le grand défi est le regroupement de toutes ces forces vives qui sont hors de nos frontières. L'essentiel est là : fédérer cette masse éclatée. Voyez-vous, je vivais en France et je n'ai jamais entendu parler de la PAFHA. La question reste entière, comment ferons-nous et qui y répond ?

A J P
Marie, il faut donc créer un réseau où tous les Haïtiens de la diaspora peuvent faire passer leurs idées sans agression verbale.

A M
Sans aucun doute, Amos. Nous avons commencé. Le travail est en branle ; patience !

A J P
Il ne faut pas oublier aussi les compatriotes en République Dominicaine. Ici, les problèmes d'Haïtien doivent être traités à un plus haut niveau. Nous avons besoin de vos supports pour combattre la discrimination et les abus sociaux

Je suis licencié en sciences comptable. Je suis en train de faire des contacts avec la famille professionnelle haïtienne pour former un réseau avec l'objectif de lutter contre la discrimination, les abus et notre intégration dans le marché du travail haïtien et dominicain qui parfois sont ignorés. Qu´en pensez-vous ?

A M

Soyons logiques ! Je ne sais pas si tu as lu mon commentaire sur ce sujet sur la page du « ministre Paraison. Que veut-on imposer aux Dominicains qu'ils partagent nos merdes, nos illettrés, notre choléra, notre dénouement, quoi en fait ? Si nous ne voulons pas subir leur discrimination, nous n'avons qu'à rentrer chez nous.

Pourquoi voulons-nous imposer notre fardeau aux autres ? Ils défendent l'intérêt supérieur de leur Nation, à nous d'en faire pareil !

Va lutter contre les discriminations chez toi, pas chez les autres. Si eux, ils venaient en masse sur nos terres et nous faire avaler leur M. que ferions-nous, hein ?

A J P

Moi, je vis comme cela doit. Je travaille avec grand respect, mais quand on parle d'Haïtiens, on ne dit pas les propres ou sale. Pour cela, nous devons faire quelques choses.

J-M L

Il faut aider les compatriotes à se prendre en main en contournant nécessairement les deux blocages externes et internes :

Il y a d'abord le facteur politique de la non-reconnaissance de la diaspora et de son rôle dans les affaires haïtiennes. Il y a aussi le facteur socioculturel interne qui se traduit par cette attitude attentiste et confiante de bons nombres d'Haïtiens à l'égard de pays soi-disant amis : par ONG interposées. Sous ce rapport, votre ministère, les partis politiques et la société civile ont un énorme travail de conscientisation à faire auprès des communautés locales[11].

A J P
Je suis d'accord avec vous, Jean-Marie, mais pour Marie, c'est différent. Elle a dit que nous devons laisser le pays voisin. Je pensais qu'elle était plus logique.

C E D
Les Dominicains tout comme les autres « Amis D'Haïti » ont participé activement à la déstabilisation socioéconomique et politique du pays. Ils n'ont rien à se plaindre s'ils doivent en faire les frais maintenant.

A J P
Mon frère c´est pour eux un plaisir de voir la déstabilisation ou la misère du peuple haïtien pour justifier leur soi-disant appui. Les ONG ont besoin des pays comme Haïti pour mieux s'enrichir. Les sommes d'argent débloqués pour que soi-disant Haïti soient gérés par des cadres compétents haïtiens, ce qui permettra à réduire le chômage au sein de la famille haïtienne. Pour cela, la diaspora haïtienne doit se mettre plus active dans les affaires d´Haïti. Créer un réseau et faire une campagne de motivation où tous les Haïtiens peuvent apporter leurs contributions. Bref, j'espère que le prochain gouvernement travaille sur la loi de la double nationalité pour que la diaspora ait sa participation active dans le pouvoir.

Charles, pensez à vous mettre en œuvre pour la création du Réseau des Haïtiens vivant à l´extérieur.

M M
Tout ce que vous dites avec tellement d'élégance et de cœur est selon moi, 100 % corrects ! et je crois que de nombreuses personnes ont pris sur eux de former des groupes pour promouvoir soit le droit de vote de la diaspora, soit une participation directe sur le terrain.

---

[11] prorencacoloc.org

La difficulté réside dans une sorte d'incompré-- hension (entretenue et en faveur du pouvoir qui n'est définitivement pas dispos à ouvrir les portes en signe de bienvenue à cette diaspora).

(N.B. « près de la moitié du peuple haitien se trouve hors de ses frontières. » LA MOITIÉ NON !...)

N S
Hi Marie. Je suis tout à fait d'accord. Je suis « IN ». Je reviendrai dans une autre intervention avec des idées et des éléments de solutions afin qu'ensemble nous puis- sions voir comment attaquer ce grand défi. Par ailleurs, j'ai trois compatriotes que je voudrais te soumettre concernant ce projet, certain du sens patriotique, de l'hon- nêteté, de lucidité et de bonne foi qu'ils véhiculent, il s'agit de Me Baby D, Mr Ady J M et Mr Bernard V. Attention gare aux jaloux ! Nous sommes en pleine démocratie, commençons par ce petit exercice !

A M
Oui Nicolas, Baby a participé ce matin à la conférence à partir de la Suisse où elle habite, bien que Skype ait posé quelques problèmes, les amis peuvent nous rejoindre sur la Communauté !!

N S
OK, à quand la prochaine !

A J P
@ Michelle — Le droit de vote de la Diaspora haïtienne doit se soumettre aux prochaines législatures, mais il faut mettre en place le conseil électoral permanent (pour plus de stabilité) avec des hommes compétents capables de gérer la machine électorale. Écoutez mes frères, il faut passer à l´action dès maintenant. Il faut d'abord penser à :

1-La création du réseau, en forment un comité provisoire
2-La motivation des Haïtiens de la diaspora

3-La création d´une page WEB.
Nicolas nous attendons vos interventions.

A M
Ce dossier est déjà sur le bureau de la prochaine législature à nous de peser de toutes nos forces pour faire pencher la balance de notre côté ! Nap travay pou sa.

J-M L
N'oubliez pas qu'il se fait tard pour mettre en œuvre un certain jeu démocratique. Et quand ceci arrive, on a tendance à tout accepter.

A M
Je suis d'accord avec vous, Jean-Marie, mais pour Marie, c'est différent. Elle a dit nous devons laisser le pays voisin. Je pensais qu´elle était plus logique. Mon frère, ce que je dis c'est la pure logique ! Si tu vis dans un pays étranger, que l'on te considère comme « persona non grata », de deux choses sont possibles : soit tu décides d'y rester et subir, soit tu prends tes clics et tes clac.

Tu te jettes dans ton pays, mais tu ne peux t'installer chez l'autre et imposer ta présence, tes droits. N'exigeons pas des autres ce que nous ne pouvons exiger à nous-mêmes. Si les Dominicains débarquaient chez nous avec leur choléra, leurs analphabètes, toute leur misère, comment aurions-nous réagi ; réponds franchement ? Je réitère mes propos, nous n'avons pas nous imposé chez l'autre, les Dominicains et le président dominicain défendent les intérêts supérieurs de leur Nation, à nous d'emboiter le pas ! Si je ne suis peut-être pas politiquement correcte, mais je pense que la logique est là. Quand le président dominicain nous offre une université flambant neuf, quel sens donnes-tu à ce geste ? Merci de me répondre !

A J P
Je te comprends Marie, mais la OIM (Organisation Internationale de la Migration) définit le droit de circulation

des immigrants, la libre expression, le droit au travail, etc., tout en condamnant toute forme de discrimination raciale. Quand tu auras du temps, visite la page web de la OIM. Vous savez que les braseros ne possèdent pas de grande capacité pour se défendre, donc il faut les aider. Sinon, l'OIM et le Droit Humain International ne devraient pas exister. Tous les pays membres de l'ONU ont l'obligation de respecter le droit des immigrants. C'est aux Dominicains de sécuriser leur frontière pour empêcher l'entrée illégale des immigrants ; mais une fois entré, il faut les respecter ; légal ou illégal. Et pour le rapatriement des illégaux, il y a des normes. Concernant l´offre de l'université, c´est la politique extérieure du président Leonel pour démontrer aux autres nations sa générosité. C'est bien, je le remercie, mais c'est une sorte de promotion pour son pays. Cela se dit entre nous. Merci, chère sœur, passez une bonne nuit.

J-M L

Si une action vigoureuse se faisait au niveau de la province ; je veux dire une prise en charge des communautés locales — soins de santé, formation — production agroalimentaire, attraction touristique —, il n'y aurait pas eu d'exode de populations vers une Capitale engorgée et vers la République Dominicaine. Travaillons pour que nos ressources humaines trouvent leur place dans les localités de l'arrière-pays.

A M

Depuis quand es-tu retourné dans l'arrière-pays, J-M ?

13- PERCEPTION ET RÉALITÉ

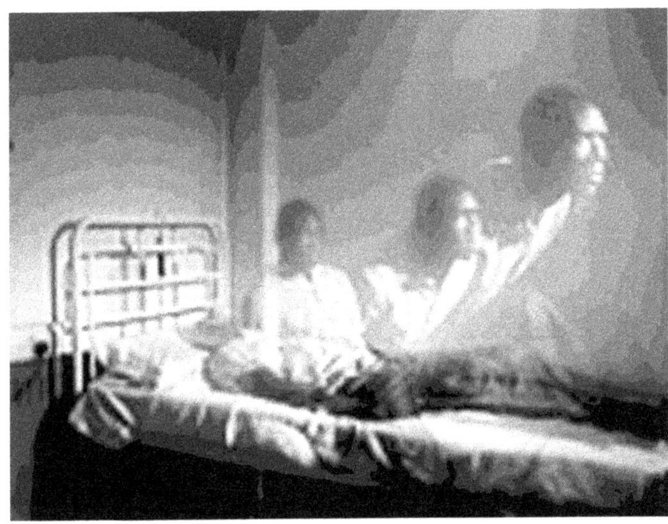

La perception de la réalité n'est qu'une part de la vérité, car l'on évalue le monde à partir de l'expérience de son vécu.

C A D M-H
On l'évalue aussi par rapport à nos attentes !

P J
La chanson dit bien « Dreams are my reality ». Le dicton dit bien : « L'apparence est trompeuse ». L'autre dit aussi que l'erreur est humaine. L'affaire, c'est de savoir si nous sommes sains d'esprit la plupart du temps; surtout quand on sait que pour le rêveur il n'y a pas de rêve, que pour le fou il n'y a pas d'illusion et que pour l'insensé il n'y a pas de sottise (Ec 10:3).

Y F
Perception de la réalité, n'est en effet qu'une part de la vérité, comme tu le dis, Hervé. Cette vérité limitative est tributaire de notre vécu intime, de nos expériences personnelles. Elle nous est propre et constitue notre champ de vision et d'expertise du monde. Mais le monde est si vaste et complexe qu'appréhender la vérité dans son intégralité dépasse nos compétences individuelles. Le savoir, l'expérience, le vécu restent privés, intégrés à nos critères respectifs, notre « sui generis ». Bon week-end !!

G S
La percée des philosophes sur FB. Une nouvelle ère s'annonce. Je suis curieux de la suite.

G G D Jr
Parfois il n'est pas nécessaire de dire toute la vérité à moins que la personne doive le savoir, mais tout ce que vous dite doit être la vérité

M W
Wouah ! Hervé devient un philosophe ! Une citation naissant de toi selon ton propre vécu ! Formidable ! Elle est très judicieuse et profonde !

Entre d'autres termes, nous percevons le monde d'après nous-mêmes, selon nos expériences vécues, nos connaissances acquises via le quotidien.

G G D Jr
Chère madame, c'est une des raisons pour laquelle la démocratie est inacceptable en Chine ou en Corée du Nord, et définitivement dans les tribus des Émérites Arabes ; mais la mission des Nations Unies peut durer un siècle sur la terre haïtienne !

P J
L'amour, le peuple, la société, le monde et la vérité sont des mots passe-partout que plusieurs d'entre nous

utilisent sans bien les définir et en assumant imprudemment qu'ils ont le même sens pour tous. Il serait donc utile que notre ami Fanini dise dans quelle acception il utilise ce mot. Pour ma part, la vérité signifie ce qui est indéniable, immuable, indépendant et permanent. Jusqu'à preuve du contraire, l'instant présent est la seule chose qui possède ces attributs.

En attendant, encore une fois, l'affaire est de s'assurer de quoi est fait ce que nous appelons couramment, et confortablement, la réalité ; puisque, quel que soit notre état de conscience, que nous soyons au lit en train de rêver que ce soit au moment même où nous participons à ce forum, nous sommes persuadés d'être dans la réalité.

Si, comme dit la chanson, « dreams are my reality », l'on peut bien concevoir que le rêve lucide (vivre consciemment l'instant présent) est l'état le plus rapproché de la vérité.

Les points de vue que j'émets ici sont beaucoup plus élaborés sur mon site pureconscience.net. Tous les commentaires utiles sont appréciés.

M D
C'est une verite, et dans toutes les circomstances !

G S
@ Hervé — J'ai un petit problème d'interprétation de ta pensée. À mon avis, l'on perçoit une réalité, on conçoit une/la vérité. Je ne peux pas percevoir une vérité. Il s'agit là de 2 concepts philosophiques tout à fait différents. Peut-être diffèrent nos points de vue diamétralement. Pa fache non ! Je suis tout simplement en quête d'une petite lumière.

H F-L
@ Guillaume — « La perception de la réalité n'est qu'une part de la vérité, car l'on évalue le monde à partir de l'expérience de notre vécu » H. F-L

La perception peut être une impression. Ce que l'on perçoit n'est pas nécessairement ce qui est réel, ce qui signifie que l'one se forme une impression de quelque chose ; donc, ce n'est pas la vérité. La vérité en elle est indestructible. Si elle peut être interprétée ou être « perçue », elle n'est plus la vérité. Elle devient une « interprétation », une « impression » ou une « perception ».

Pour la plupart, le vécu devient le monde qui se forme à partir de quelques expériences. En concevant la vie d'une façon quelconque, façonnée par les expériences de notre vécu, les expériences que l'on a l'habitude de prendre pour « vérité » que l'on devient assez confident que ce que l'on perçoit est la « vérité », alors que cela n'était qu'une perception de la vérité, l'on devient intolérant, intransigeant, et parfois hautain si quelqu'un ose dire le contraire de la pensée perçue.

Je te remercie de m'avoir demandé une explication. J'espère que ce sera pareil pour « toutes » les autres citations.

G S

@ Paul — Les idées évoluent avec le temps. Vous avez repris exactement la conception de base de la philosophie cartésienne. Avant d'émettre sa conviction célèbre « Cogito, ergo sum », René Descartes dut admettre l'existence d'une différence de perception de la réalité suivant l'état de conscience des protagonistes. Lui aussi, il se demandait au départ s'il ne rêvait pas constamment et doutait par là de la réalité des objets perçus. À l'appui de certains arguments incluant la preuve de l'existence de Dieu d'une part et d'un démon tentateur (« Betrüger-geist ») d'autre, il a su prouver la réalité du monde environnant. [Je ne veux pas étaler ses arguments sur ce forum].

Bref, nous ne rêvons pas. Il existe effectivement un environnement tangible en dehors de notre conscience et subconscience. Les exemples pathologiques que vous avez donnés prouvent à mon avis la relativité des perceptions individuelles de cette réalité. Ainsi nous nous retrouvons à la case du départ. Ou pa bezwen fache-non.Il ne s'agissait que d'une humble mise au point de ma part sur un sujet philosophique assez compliqué en soi, donnant lieu à toute sorte de confusion. Kenbe-la!

P J

Rebienvenue cher Monsieur dans cette arène d'idées. Sans vous prononcer vous-même sur le sujet, vous avez jugé bon d'avancer des théories de Descartes. Pour l'édification de ce forum, vous devriez au moins tenter d'étayer les arguments de ce penseur en support à ses théories. Les déclarations du genre « Bref, nous ne rêvons pas » ne sont pas des preuves en elles-mêmes ; et de telles affirmations sont loin de suffire pour infirmer les observations que j'ai soumises avec prudence, les indications que j'ai données à l'appui de ces observations et les questionnements pertinents qui sous-tendent le tout.

Je recommande à l'attention de tous au moins deux ouvrages de Georges I. Gurdjieff et de Peter D. Ouspensky, respectivement intitulés « La vie n'est réelle que lorsque Je suis (titré en anglais « Life is real only then, when I am ») et « Fragments d'un enseignement inconnu » (titré en anglais « In search of the miraculous »). Descartes, avec tout le respect que je lui dois, semble bien en retard dans ses idées par rapport à ces auteurs et par rapport à d'autres enseignements donnés dans les plus anciennes écoles de spiritualité.

Il se trouve en effet que ces courants suggèrent assez clairement que la très grande majorité des humains sont « perdus », qu'ils évoluent dans un état de conscience très réduit, s'apparentant à un état d'hypnose, duquel il est difficile d'échapper. Descartes dit « Je pense, donc Je suis ». Force est d'admettre que ce critère est bien pauvre, car « Je » pense également quand « Je » rêve au lit, quand « Je » tombe d'amour et quand « Je » bascule dans d'autres états d'aveuglement. Il n'y a pas de « Je suis » pour l'homme, dans un tel état de conscience, du moins selon certains écrits judéo-chrétiens, relativisant ainsi la théorie cartésienne. Ces écrits parlent « d'homme mort », « sans connaissance », « stupide », c'est-à-dire d'homme qui n'est pas ou qui n'a pas la conscience d'être.

Ceci expliquerait que ces textes parlent constamment de « se réveiller » et de « veiller », et que la finalité fondamentale de leurs préceptes est « afin qu'ils aient la vie » (Proverbes 4:4 ; Luc 10:25 -28). D'autres passages sont tout aussi révélateurs :

« Mon peuple périt faute de connaissance ... Ils expirent dans leur manque de connaissance » (Osée 4:6 ; Job 36:12).

« Abandonnez la stupidité et vous vivrez, dirigez-vous dans la voie de la raison » (Proverbes 9:1 -6). Etc.

Je prends ici une pause (publicitaire) pour permettre à d'autres de s'exprimer. Je rappelle encore aux amis de ce forum « djanm » que les points de vue exposés ici sont beaucoup plus élaborés sur le site pureconscience.net.

H F-L
Je suppose avoir été clair dans mon explication de « réalité » et de « vérité » et que ces renseignements te satisfassent !

G S
Merci Hervé pour ton intervention. Tes renseignements m'ont satisfait amplement. La réaction de Paul ne me surprend pas.

14- UN DÉFI À RELEVER

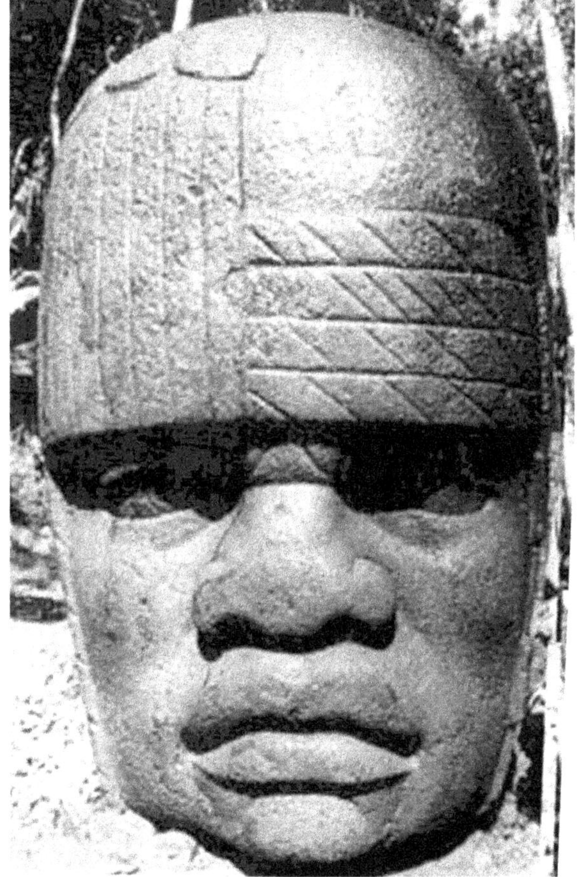

http://www.crystalinks.com/olmec.html

Je propose le commencement d'une réflexion personnelle plus approfondie sur « l'événement » à la lumière des prévisions mayas pour 2012, de l'ère nouvelle qui s'annonce, des mouvements pour le changement qui surgissent un peu partout à travers le monde. À mon sens, tous ces mouvements (je ne parle pas de soulèvements commandités) naissent beaucoup plus d'une nouvelle prise de conscience, d'une soif d'humanité beaucoup plus que de besoins de réformes démocratiques. En fait, la démocratie telle qu'elle est « distribuée » aujourd'hui, permet surtout de contrôler et d'imposer au détriment de l'autodétermination et du droit à la poursuite du bonheur originel des peuples (Mondialisation).

Haïti, pour bien des raisons, a raté, cette fois, le leadership de ce mouvement mondial. Elle doit emboiter le pas et trouver le moyen de se distinguer et de reprendre son rôle, son destin le lui oblige. Est-ce là la vraie mission de M. J. M. ?

En général, les leaders pour de telles missions ne sont pas des conformistes ni des gens trop conscients de leur petite personne. Ce sont des gens qui peuvent oser, échouer, se relever et continuer. Ils doivent être des guerriers. Ce sont des êtres exceptionnels, « doués » ou « assistés ». C'était en quelque sorte la constitution des héros de notre indépendance. Ils étaient tous reliés à une énergie qui leur conférait une bravoure qu'ils pouvaient communiquer à leurs troupes. C'est ainsi que s'était accompli l'impensable.

Comme au temps de la guerre de l'Indépendance, allons-nous supporter M. J. Martelly pour le relèvement du défi auquel fait face Haïti aujourd'hui ?

P J F

H F-L

La conscience universelle se manifeste à l'insu de la pensée humaine. La cohabitation de l'esprit dans la chair permet à l'homme de se prononcer impartialement sur des logiques conceptualisées par sa vision. Le temps et l'espace étant des idées de cette logique, la conscience non conceptualisée ne reconnait pas ces limites. Comme notre ami Pierre l'a fait remarquer, « les leaders pour de telles missions ne sont pas des conformistes ni des gens trop conscients de leur petite personne », il ne s'agit pas du niveau de scolarisation, mais plutôt de l'idéalisme d'une vision collective rendant plus

F C
En effet, la réflexion profonde est de mise actuellement sur le sujet...

Haïti a raté ou le moment n'est pas arrivé encore. 2011 est une année de transition, disent les Maitres ! Mais je suis certaine d'une chose à laquelle je crois profondément, Haïti prendra en mains son destin d'une manière sublime. Les guerriers de la lumière arrivent à grands pas et tout ce qui est faux tombera.

H F-L
Ils se présenteront sous plusieurs formes, du plus petit au plus grand !

F C
Veuillez relire Ezechiel au sujet des faux Prophètes et autres dans le livre ou est inscrite l'histoire de l'humanité en partie ; aussi Isaie. Lisez avec le coeur pour comprendre l'essentiel à travers les mots.

Oui cher Frère : « Sous plusieurs formes ». C'est le moment... Puis...

... Il faudra partager le bon grain de l'ivraie....

Oui Hervé, l'Esprit doit pénétrer et l'on reconnaitra tout de suite où est l'idéologie actuellement ? Je la cherche encore ; bizarre, non ?

M C P-L
Nous devons tous supporter Michel Martelly pour relever le défi dont tu as fait mention. D'ailleurs, il est le President d'Haïti et nous sommes tous Haïtiens. Nous ne pouvons faire autrement si réellement nous voulons que les situations commencent à s'améliorer pour notre Haïti Cherie.

F C
Nous parlions de la destinée d'Haïti, Marie Chantal, dépassant un Être humain. Ce qui est écrit l'est pour l'éternité ! Puis, à chacun son choix, dans le respect des uns et des autres.

J'aime la note de Pierre et lui présente mes compliments. Un autre qui pense ; super. Cela aide. J'ai beaucoup aimé cette phrase : « ce sont des gens qui peuvent oser, échouer, se relever et continuer ». Il faut l'âme.

M C P-L
La destinée d'Haïti ne dépend que des actions positives ou négatives posées par les Haïtiens eux mêmes. Nous ne récolterons que ce que nous aurons semé.

F C
Oui, Marie, c'est vrai. Nous récoltons. Et vu que nous commençons à comprendre ceci, il faut donc travailler autrement pour être prêts pour le jour que la Terre sacrée reprendra son Pouvoir réel. Merci ma Soeur.

Grande, grande est cette TERRE et elle a toujours été géree par des Enfants de Lumière durant des millénaires. Naturellement, toute terre passe par des moments de décadence. Nous avions cassé l'Alliance, mais nous sommes au bout du chemin.

Terminé les cinq mille ans de nettoyage ! On est au bout du tunnel.

H P
Pour commencer, que pensez-vous d'une conférence des présidents ? Pour la première fois, on aura en Haïti 6 ex-présidents ; Aristide, Bonifas, Duvalier, Manigat, Preval et Trouillot. Pour un nouveau départ et une réconciliation, pour qu'Haïti prenne en main son destin cette conférence peut être très productive !

M D
Sarkozy... Obama... Martelly...

H S

La démocratie n'est pas la réconciliation. C'est la balance des pouvoirs. L'exercice démocratique n'est ni la violence ni la destruction. Pourquoi n'avez-vous pas eu cet élan en 1991, celui de tous mettre la main à la pâte ? C'est cela la démocratie ! Avoir des ex-chefs d'État vivant dans leur pays et faire une conférence. C'est le délire total. Le tremblement de terre a fait bien plus de victimes qu'on le croyait. 6 présidents : un gâteux, un illuminé, un idiot et maintenant un pervers drogué ; belle rencontre !!!! LOL.

Vivant à Port-au-Prince, je ne raterai pour rien au monde cette conférence ! J'apporterai comme contribution le manuel du parfait idiot, des couches, des menottes, un fouet, la poudre préférée de nos futurs résidents des ruines du palais, la bible du cowboy et pourquoi ne pas demander à Clinton de nous retrouver avec quelques cigares ? Sérieusement, l'antidote du poison zombi serait vraiment nécessaire à forte dose pour tous !

F C

Antidote... J'adoooooooore. Lol.

Au fait, j'y pense. Avant de relever un défi, il faut pouvoir tenir la tête haute. Sommes-nous à ce carrefour en Haïti quand le pays est sous occupation ? Avons-nous un président ou un gouverneur ; pour ne citer que cela ? Chacun d'entre nous, peut-il en être fier ?

H F-L

Je pense que la pensée ici s'adresse à ceux qui se reconnaissent comme une entité à part entière et qui ont la capacité de reconnaitre leurs semblables. Les mesquineries habituelles ne valent la peine que si vous continuez à nourrir le mécanisme.

J M A

Je lisais quelques points, sans nul doute, ils sont « une coïncidence » par rapport à ce texte, élaborant sur la science. Cette partie en somme m'a beaucoup touché et je cite : « la conceptualisation est vraiment essentielle » ;

c'est elle qui fait la différence entre un élève qui a compris un système et un élève qui reste accroché à une conception reposant sur la composition bout à bout de longueurs dont les mesures sont toutes positives. Ce processus de conceptualisation prend du temps : des semaines, voire des mois. L'explication du maître peut contribuer à créer les conditions favorables aux prises de conscience nécessaires, mais son pouvoir s'arrête là. Elle n'est pas reçue par l'élève si celui-ci ne parvient pas à percevoir la cohérence du système, sous sa propre responsabilité cognitive. Après quoi, c'est le geste approprié, disons-nous. Lol.

C'est ainsi que s'était accompli l'impensable. Je médite sur cette petite phrase du monsieur. À plus tard.

P G
Le temps est en effet à la méditation. Nous avons peut être évolué sans objectifs définis, mais nos échecs de ces deux derniers siècles devraient nous porter à nous repasser identifier nos faiblesses et nous fixer des objectifs. La réconciliation dont parle Harry est un passage obligé. En passant, Hervé, peut tu me rappeler où l'on peut trouver ton ouvrage « Face à Face autour de l'Identite Haitienne» ?

M St-J
Très belle reflection !!!!

H F-L
FACE A FACE est disponible sur amazon.com et chez ton libraire. Merci

15- LE ROI HENRY CHRISTOPHE

Henry Christophe
Par Richard Evans
Le Portrait est exposé à la Galery d'art de Birmingham.

M M A

Depuis toujours, les gouvernments internationaux ont toujours un agenda pour Haiti : celui de diviser pour reigner dans les affaires internes de ce pays.

D G
Margaret, déduction logique, nous ne devons pas nous laisser faire. Nous devons nous unir. S'Unir ou Périr.

M V-R
L'ÉVIDENCE même

P C
Cette peinture se trouve en Haïti et est exposée au Mupanah. Elle a été rachetée par Michèle Bennet alors, Première Dame de la république pour 1 million de dollars constituant avec la couronne de Soulouque les deux pièces les plus importantes du musée.

Mais où sont passées les couronnes de Dessalines et de l'impératrice, celles de Christophe et de la reine, celle de l'impératrice Adelina, sans oublier les sceptres qui devraient être en or ? Il parait aussi que le musée londonien regorge d'objets qui ont orné les palais de Christophe.

Affaire à suivre.

Ensuite tous les généraux ont conspiré pour éliminer Dessalines surtout après le massacre du Sud où même des enfants n'ont pas été épargnés. Lui-même avait dit ceci : « après ce que je viens de faire dans le Sud, si les citoyens ne se soulèvent pas, c'est qu'ils ne sont pas des hommes ». En fait, lorsqu'il a été assassiné, il voulait revenir à Port-au-Prince pour massacrer les blancs et les gens de couleur et là il a été assassin... Chose étrange, seul Charlotin Marcadieu, un mulâtre, s'est porté à son secours et tous les deux ont été criblés de balles.

C E D
« Il s'est fait suicider » peut être. C'était très courant chez les têtes couronnées.

Cela veut dire qu'on l'a assassiné.

W N

La mort de Pétion, en 1818, fit croire à Christophe qu'il pourrait réunir le Sud et l'Ouest de l'île à la partie Nord, trop petite pour contenter son ambition. Mais il échoua une nouvelle fois dans cette expédition, et il fut forcé de rentrer dans ses étroites limites. Il se maintiendra au pouvoir grâce à l'appui de l'Angleterre. Le 15 août 1820, il fut terrassé par une crise d'apoplexie qui le laissa partiellement paralysé, et un soulèvement ne tarda pas à se déclarer. Sa capitale même se révolta, malgré tout ce qu'il avait fait pour la relever de ses ruines et pour l'élever au-dessus de Port-au-Prince et des autres villes des Antilles.

Accablé après avoir tenté une défense inutile, trahi par ses chevaux légers, il se suicida d'une balle de pistolet tirée en plein coeur, dans son château de Sans-Souci, le 8 octobre 1820, en fin d'après-midi. La tradition affirme que la balle était en or. Son deuxième fils, âgé de seize ans, fut massacré quelques jours après, et la partie du Nord sera réunie à la partie du Sud sous la présidence de Boyer.

Avec lui le règne des Noirs finit momentanément à Haïti, pour faire place à celui des hommes de couleur.

L M

Comme on le voit écrit, cette huile sur toile conservée au Musée du Panthéon national haïtien, se doit au peintre britannique Richard Evans, arrivé à Haïti vers 1815. Le fond du tableau, juste derrière le roi, est rempli de nuages noirs. L'image anticipe souvent le réel, comme si elle était sa messagère subliminale. Cinq ans plus tard, Le Roi Henry disparaissait tragiquement, se logeant une balle en or au coeur.

N T W

J'ai mis du temps à comprendre pourquoi le 7 février 1986, une foule en colère avait décidé ce jour-là d'abattre le statut de Christophe Colomb. J'étais au début de la vingtaine et je ne comprenais toujours pas pourquoi.

Parce qu'à l'école, dès le primaire, on nous a appris à vénérer Colomb, c'était lui qui a découvert Haïti. Nos professeurs avaient le cerveau lavé à l'eau de javel, ce n'était pas de leur faute. On parlait français, on mangeait, on s'habillait à la française. Tout chez l'Haïtien d'autrefois était français, nos moeurs étaient françaises. Nos grands-parents, nos pères et mères ont vécu dans l'ignorance à cause de ce lavage fait par les colons. Aujourd'hui encore les séquelles sont là. Tout y retrace le souvenir des cruautés : notre rejet pour le Vodou qui était la religion de nos ancêtres, nos querelles, notre peur d'apprendre, de partager. Nous avons besoin d'approfondir l'histoire pour comprendre notre passé, pour mieux gérer le présent et pour mieux affronter l'avenir. Notre vraie bible, c'est notre histoire. En partageant de cette façon, nous nous rapprochons les uns des autres, mais si nous restons éloignés, nos colonisateurs actuels et le temps auront finalement raison de nous. Merci Hervé pour ce rappel historique !

P C

Non Nancy, Christophe Colomb fait tout simplement partie de la grande Histoire d'Haïti. Sans lui il n'y aurait pas cette lutte d'émancipation des noirs et on ne serait pas là à commenter aujourd'hui. Et comme pour Colomb, on aurait pu réagir de la même façon pour Christophe qui a été certes un grand bâtisseur, mais aussi un dictateur sanguinaire. Et le peuple aurait pu détruire un tel chef-d'oeuvre qui aurait pu lui rappeler les mauvais souvenirs. Ce tableau, ainsi que la statue de Christophe Colomb et celle de l'Indien (qui a été déplacé sous le gouvernement d'Aristide et dont on ignore la destination) font partie du patrimoine national, tout simplement, et ils doivent être conservés.

@ Wilner — Je comprends mal cette appellation de « last Afrikans ». Christophe a été l'un des héros de la guerre de l'Independance donc l'un des « Haïtiens authentiques » ainsi que Dessalines et tous les généraux mulâtres qui avaient combattu pour l'Independance. Vous n'ignorez sans doute pas qu'il y avait plus de 20 généraux mulâtres, un Blanc, et quatre ou cinq généraux noirs sans oublier le contingent polonais arrivé sur place avec l'armée de Bonaparte qui s'est rebellé et combattu aux cotés de l'armée indigène pour l'Independance d'Haïti. Et après la grande victoire, les Polonais ont été vivre à Cazale ou l'on retrouve encore leurs descendants. Quand vous parlez de « Blocking the mulatoes » vous mettez en exerbe, ce vieux démon qui ronge Haïti : la lutte des classes qui nous mène n'a rien d'autre que de détruire d'avantage le pays. Les mulâtres comme les Noirs sont tout simplement FILS DE NOIRS.

M AT
Il faut regarder autour de vous messieurs. Dans toutes les familles haïtiennes, autour de toutes les tables familiales, il y a des enfants aux teints allant de la plus pure ébène au clair quarteron. Nous sommes tous des noirs. Notre dénominateur commun est la culture. « Tout nèg se nèg ».

P C
Bravo Marie A

M AT
Quant à Colomb, il faudrait remettre sa statue sur le quai et placer en face la stèle de l'indien qui a habité l'ile bien avant lui. En fait, je n'ai vu nulle part écrit par Colomb qu'il avait découvert Haïti. J'ai lu ce qui suit dans son journal de bord : « c'est une ile à découvrir et à ne jamais quitter ».

En fait, il est même dit qu'il avait trois journaux de bord « différents ». Dois-je le remercier d'avoir introduit une partie de notre histoire de peuple sur cette ile ? Si tel était mon destin, j'y serais avec ou sans lui.

Colomb n'est pas mon héros. Mais c'est une affaire personnelle. Je reconnais ses qualités de grand navigateur, son fanion blanc à la croix rouge aux mats des caravelles, symboles des Templiers, sa carte de navigation où l'ile est bien définie, notre partie réplique conforme de l'ile de Gorée d'où nombre d'esclaves « volontaires » sont partis pour Ayiti, la terre sacrée. Sans lui, il n'y aurait pas eu un tel génocide des noirs, Patrick etc., etc,

G C

Je suis complètement d'accord. L'on utilise trop souvent la variante de nos teints pour semer la division entre nous. On nous a fait rejeter notre basse cour, notre culture pour idolâtrer la fausse image qui justement est la cause de nos problèmes : préjugés de castes, de couleurs et de classes. Nous devons nous rappeler que tous, nous avons chacun une fonction dans une société et ne devons jamais sous-estimer un métier. C'est le rôle de l'exploitation pour créer la division pour régner alors que le pouvoir ne devrait être que service à l'autre. Nos gouvernements précédents ont été des successions de revanches, nous devons apprendre à construire sur le respect de l'autre. Nous sommes tous familles, non seulement en Haïti, mais dans toute la Caraïbe.

M A T

Peut-on diviser les faces d'une même médaille ? Non. Nos aïeux noirs et blancs ont fait de cette ile le creuset de cette créativité artistique qui étonne encore le monde. Après tous ces métissages, pouvons-nous encore parler de noir et de mulâtre ? Je doute fort.

Il est de mise de parler d'une Haïti à sauver et d'un sous-sol riche à prospecter afin que l'espoir habite à nouveau le regard de tous les enfants de ce pays.

Quand nous aurons remis sur pieds cette ile qui nous a tant donnés, nous pourrons discourir sur nos faux problèmes de couleurs.

Une devinette : dans la famille B. nait une paire de petites filles. Elles sont jumelles, Ingrid est blonde avec des yeux bleus. Daphné, sa jumelle est très brune avec des cheveux crépus. Que faire ? Les aimer et les élever comme toutes les petites filles !

Y F

La guerre de l'Indépendance est en effet un exemple historique d'Union, de courage d'un peuple, mobilisé autour de ses leaders, pour une « Cause Commune ».

Une armée vaillante, celle des « sublimes va-nu-pieds » à l'assaut de l'ennemi pour conquérir ce droit de « Vivre Libre ou Mourir ».

Ce que le roi Henry Christophe nommé le « Batisseur » nous a aussi légué est malheureusement en ruines.

La restauration de certains monuments du patrimoine aurait pu être à l'agenda des gouvernements qui ont fait la file politique après l'Indépendance. Ironie de l'histoire, la Citadelle Laferrière, de son imposante stature, semble continuer à braver le temps. (Une fonction de Curateur public aurait pu, en outre, être annexée à un des Ministères)

Autour des généraux leaders, la masse hétéroclite, devenue une armée, une famille, une nation s'est pourtant articulée en un bloc monolithique, pour faire face au colonisateur. Une triste constatation aujourd'hui, de réaliser que cet engouement d'antan pour la liberté, l'autonomie, l'ardeur à galvaniser les élans pour un intérêt national, une cause générique, s'est effrité au fil du temps.

Le concept de solidarité, de cohésion, de force patriotique, d'homogénéité semble avoir déserté nos rangs. Ce que ces généraux ont pu réaliser pour La Patrie est encore incroyable. Pourtant, le défi semble être aujourd'hui insurmontable.

M AT

@ Yanick — Pourtant l'on voit ces enfants de « va-nu-pieds », ce qui est contestable comme appellation, isolé du reste du monde après le séisme du 12 janvier, sauver au péril de leurs vies des inconnus de toutes classes, castes, idéologies et couleurs confondues. Une fois de plus cette union à fait la force.

Ces généraux étaient en partie de grands initiés et certains des Africains qui avaient choisi de se faire « esclaves » pour venir participer à ces chapitres de notre histoire.

J'hésiterais avant d'avancer le terme de désertion. Je dirais de préférence latence et même attente de cette pépinière que constitue la masse des jeunes qui veulent une Haïti libérée de cet embargo imposée depuis 1804 par des pays soi-disant « amis » et qui capitalisent la misère chez nous.

Il nous faut éviter actuellement de jouer leur jeu en nous imposant une censure ou une critique négative pesante.

Il est temps de venir prêter main forte à ceux qui agissent ici pour aboutir à un certain bien-être entre les citoyens.

1804 est une excellente référence. N'en faisons pas un mythe. Tous ces Haïtiens qui arrivent à garder la tête hors de l'eau tout en restant intègres et dignes sont des héros. Haïti est encore traumatisée. Étant sur place, je constate le courage dont chacun fait montre au quotidien. Nul défi n'est insurmontable pour mon peuple qui est et demeure un grand peuple.

M J

Je ferai remarquer qu'il n'y a pas eu de troupes en colère déchouquant la statue de Christophe Colomb au Bicentenaire. Des Haïtiens natif natal ont reçu une somme importante de nos voisins Dominicains pour dechouquer la statue de Colomb et la foutre dans la mer.

Je me rappelle du commentaire de Valescot sur l'incident ; il eut à dire « En bon Dayiva » Kolon retounen kote li soti a ».

Conséquence logique du déchoucage : Haïti fut disqualifiée pour la cérémonie des 200 ans de l'indépendance en 2004 et le voisin fut qualifié ; parce que nous étions des antiColomb.

G S A

Elle a dit « semble », et c'est bien vrai à maintes occasions : « Le concept de solidarité, de cohésion, de force patriotique, d'homogénéité semble avoir déserté nos rangs. Le défi semble être insurmontable, aujourd'hui. » Mais, il est aussi bon de nous rappeler, Marie A que la tâche n'est pas impossible. Il faut s'y mettre : « 1804 est une excellente référence n'en faisons pas un mythe. Nul défi n'est insurmontable pour mon peuple qui est et demeure un grand peuple ». Bien dit, vous deux !

M J

À chaque fois que la question de couleur de peau est agitée, brandie de nos jours, on essaie de vous détourner des vrais problèmes, et des vrais ennemis. J'aimerais SVP que quelqu'un me dise où se trouvent ces groupes ou clans de mulâtres en Haïti. Où se réunissent-ils ? Qui est leur chef ?

Nous sommes en 2011. Il n'y a que des NOIRS, Nègres, Negrons, en Haïti, de toutes les nuances de couleur de peau allant du Noir ou Rouge. Et ils ont tous, quel que soit leur épiderme, le même ennemi commun. Ou ils se mettent ensemble pour y faire face ou l'on nous annexera à la Republique Dominicaine pou nou femen bouch nou nèt !!

M A T

Bravo Mecthylde !

G C

La violence n'est pas insolite. Elle est pensée et organisée. Pourquoi avions-nous eu à payer une indemnité au vaincu ? J'hésitais à mettre ces propos, mais je me le dois. Rappelez-vous que Pétion était retourné à St Domingue avec l'expédition Leclerc pour se venger de Toussaint et de Dessalines qui l'a vaincu à Jacmel. L'union de 1804 était obligée parce que Leclerc avait reçu l'ordre secret de se débarrasser des principaux chefs de l'armée. Et l'histoire l'a prouvé. Seulement 2 ans après l'indépendance, cettedite union s'ébranla. Et les va-nu-pieds, relégués « en dehors » et revanches d'une part et d'autres, se succédèrent au bonheur de l'exploiteur qui attise le feu de part et d'autre au moment opportun. Il est grand temps que nous ne jouions pas leur jeu de castes et de couleurs pour quelques miettes, et nous unir sans hypocrisie.

M J

Histoire d'Haïti — Le 15 aout 1820, le roi Henry Christophe décida d'assister à la messe de l'assomption à l'église de Limonade. Le Père Jean de Dieu devait célébrer la messe. Quand il s'apprêtait à commencer, il fut pris d'effroi et ne voulait pas avancer à l'autel. Il avait vu le fantôme du Père Corneille Brel qu'il – le roi — avait fait tuer.
(Réf. Monsg JM JAN Monographie religieuse des personnes du Cap Haïtien, 1950 p 61).

Le Roi se fâcha, jura, tira sa canne pour frapper le Prêtre, et il tomba lourdement frappé d'apoplexie.

La petite histoire rapporte que les paysans de la zone par peur des représailles ne parlaient entre eux qu'à voix basse, bâillonnaient leurs ânes pour qu'ils ne braient pas et mettaient leurs coqs sous des paniers pour étouffer les cocoricos, conclut l'auteur !

G C

Ce n'est pas comme par hasard qu'une âme se porte défenseur et martyr. Elle a été témoin de douleurs et de crimes odieux. Nous vivons aussi ces moments à l'heure actuelle, nos propos sont une recherche de solutions au problème. Je vous vois de bonne foi, il faut apprendre à s'écouter l'un l'autre. C'est là la solution de l'union !

G C

Un fait est que nous ne pouvons pas juger nos ancêtres, assis dans un canapé au chaud. Les paramètres étaient différents, les crimes et exploitations plus a vu (je ne dis pas moindre), et ils devaient se défendre comme ils pouvaient. Notre devoir est de faire face aux challenges d'aujourd'hui. Jusqu'à quand allons-nous tolérer de voir notre peuple sur le creuset, trainé dans la boue ? Il ne faut pas se départir du sujet qui révèle selon moi le pourquoi des sacrifices de nos héros en 1804.

W N
Avec lui le règne des Noirs finit momentanément à Haïti, pour faire place à celui des hommes de couleur.

G C
Vrai Wilner, c'est ce que j'ai voulu insinuer dans mes propos. Pétions l'a fait élire président avec le pouvoir d'un petit caporal. Ce qui expliqua la division du pays en 2 parties puis en 3. Christophe était aussi un mulâtre né à la Grenade, mais de différentes conceptions que Pétion Sabes. Pétions est d'ailleurs le nom qu'il s'est lui-même choisi, d'un député français. Ne reste pas que nous devons et pouvons considérer une entreprise de nous même uniquement

G C
Rappelez-vous que Boukman était né à la Jamaïque et Christophe en Grenade, et beaucoup d'autres que l'histoire n'a pas reportés. Ne pensez pas que la lutte d'Haïti était solitaire. Elle était généralisée dans les Caraïbes, en Afrique, partout. L'homme de nature n'accepte pas l'exploitation. C'est ce que nous sommes en train d'expérimenter aujourd'hui. On nous fait penser que nos problèmes sont insurmontables, ils le sont en réalité parce que nous sommes divisés, et nous sommes tenus en laisse par l'égoïsme et des miettes jetées à qui mieux mieux, mais la réalité est que nous sommes mille fois plus forts qu'eux, car leurs organes vitaux sont à découverts, si nos ancêtres ont pu les vaincre en moins d'un an c'est parce qu'ils ont compris cela. À nous de comprendre.

G C

Que d'héroïsme n'a pas été reporté dans l'histoire de nos peuples ! Ce n'est pas sans heurt que Napoléon Bonaparte a rétabli l'esclavage en Guadeloupe. Nos frères et soeurs ont combattu jusqu'aux derniers soupirs sur une plage. Ces faits sont soigneusement cachés. La plupart de nos résistances au marronnage sont oubliées. Il n'y a point de différence entre la Metropole et les multinationaux. C'est toujours la même doctrine qui est de mise. Tout part et pour la Métropole !

C E D

En ce qui me concerne, cette affaire de Noir et de Mulâtre est un « faux problème ». La société haïtienne a beaucoup évolué depuis quelques décecnies ; certaines pratiques ne se font plus.

Le vrai problème est plutôt entre les nantis et les démunis. Pendant ces vingt dernières années, on a assisté à une concentration de richesse sans précédent dans l'histoire du pays aux mains d'une poigne de familles alors que l'État haïtien devenait de plus en plus insignifiant.

Mais, il faut aussi souligner qu'en Haïti, la classe des nantis est, dans sa grande majorité, composée de mulâtres. Ils contrôlent les banques, l'importation, l'exportation, le commerce et l'industrie. Tout cela est un héritage de notre histoire.

Après la mort de l'Empereur, Pétion et Boyer ont mis en place un système qui ne favorisait pas le plus grand nombre, et c'est cet état de choses qui a donné naissance au Noirisme et à François Duvalier.

Tout cela appartient désormais au passé et cette question refera surface de temps à autre, n'en déplaise à ceux qui ne veulent pas en parler. S'ils peuvent (la classe bourgeoise) créer du travail et payer les impôts (à un Etat legitime).

Ils sont Haïtiens à part entière et doivent jouir de tous les privilèges que confère leur nationalité. Il revient à nous autres de construire un état moderne dont la mission est de maintenir un certain équilibre entre les différentes classes de la société et garantir le bien-être de tous les citoyens. L'État devient alors un arbitre entre les différents groupes socioéconomiques dont la mission consiste à redresser les déséquilibres sociaux et économique qui sont une entrave au développement de l'Haïtien moyen et en même temps rétablir la justice sociale qui est la raison principale de la disparité frappante qui existe dans notre société.

Y F

@ MAT - L'important c'est effectivement la survivance d'un peuple. Si le 12 janvier a réalisé une fois de plus cette cohésion, cette chasse commune à la mort, la volonté d'homogénéité ravivée, n'est pourtant pas longtemps demeurée fidèle et durable. Nonobstant le charisme individuel et la dualité des sentiments d'attachement de coeur à ce pays cher, ce que je déplore est plutôt imputable à la classe politique qui n'a pas su jusqu'ici raviver et faire pérenne le symbolisme de cette force compacte guerrière et défiante vers le progrès et la croissance du pays. Mon peuple respire de vie, il ne demande que cela ; vivre.

Certes, les efforts individuels, l'apport de groupes sociaux et humanitaristes à l'effort de survie ne sont pas à dédaigner. Mais en toute objectivité, ce peuple qui souffre dans la misère, s'il peut dans sa volonté de « flotter » être convaincu de surmonter ce défi, il faut en toute admiration le féliciter pour sa résilience, son courage et sa détermination de lutter jusqu'au bout. Mon peuple de misère et d'amour semble pourtant être voué au sort de Sisyphe parce que les décideurs de Patrie le maintiennent après tout dans la servitude, le dénuement, la dépendance sociale et économique. Mon peuple respire de vie Pourtant, le défi semble quand même aujourd'hui insurmontable, tant et aussi longtemps que toutes ses chances de briguer les fers de la pauvreté et de l'indigence lui sont encore ravies

M A T

@ Yanick - Selon que l'on se trouve à l'intérieur ou en dehors, les points de vue sont différents.

@ Wilner — Je suis allée en Afrique faire le pèlerinage jusqu'à la terre de nos pères. Comme toi, je suis fière d'être africaine par mon arrière-grand-père.

Partout où je suis allée en Afrique, je me suis toujours sentie chez moi. Sous ma fenêtre à Lomé au Togo, chaque matin une marchande criait d'un ton joyeux : « zozo kalé ». Ce n'était que du maïs bouilli chaud ». Pas mal hein au niveau du symbole.

M A T

La valeur de l'Afrique a été occultée par des personnages comme Napoleon Bonaparte qui fut un raciste. Il faut un certain temps pour effacer chez nous cette phrase : « pito nou lèd, nou la ».

J'ai rarement vu d'aussi beaux enfants qu'en Haïti. Il y a de la place pour d'autres livres comme « Face à Face » que je propose de faire entrer dans le cursus scolaire afin que nos enfants retrouvent la fierté de cette race. Nous faisons des rencontres avec les étudiants pour stimuler ce sentiment d'appartenance. C'est en bonne voie !

H F-L

Ce n'était que du « maïs bouilli chaud ». Very funny, MAT!

Y F

Indeed Hervé, very funny ! C'est en effet un son et des mots bien retentissants pour désigner du « maïs bouilli chaud ». Pas mal du tout MAT, à la portée du symbole et du concept. Et voilà à Lomé, un rappel de nos couleurs locales haïtiennes.

M A T

@ Patrick — Pour avoir vécu sur la côte West-africaine, je peux avancer qu'il y a une forte influence de l'Afrique en nous Haïtiens. J'ajouterai que dans les années soixante des intellectuels, dont mon oncle sont allés là bas apporter une instruction occidentale et non une certaine lumière et une éducation à un peuple qui avait sa police organisée, son système d'irrigation fait et sa médecine avancée (antibiotiques) alors que l'Europe des Huns, des Wisigoths, des Ostraugoths ne connaissait même pas une langue structurée.

Chaque peuple à sa culture, mais celle de l'Afrique est la plus ancienne. Nous parlons de plusieurs peuples d'un continent qui ont émigré un peu partout, et en Haïti, vers la terre sacrée avant l'arrivée de Colomb.

Notre culture métissée est riche de tous ces mélanges dont tu parles, mais le Vodou doit beaucoup plus à l'Afrique de par ses chants et son rituel ; les Vèvè sont indiens, comme l'affirment plusieurs érudits. Le cercle du *laku* (communauté) est partout et le syncrétisme dont on fait mention nous ramène à une même source égyptienne, donc africaine : Isis et Osiris.

Contentons-nous d'être un peuple ayant un riche bagage culturel. Revendiquons nos racines africaines. Elles font partie de l'universel. L'humanité cherche encore le secret des pyramides. La science occidentale met au point la fameuse « superstition des *chanpwèl* » qui se déplacent dans le champ temporel. Soyons fiers d'être « nous » Africains +, etc., etc., etc., et nous sommes beaux et nous sommes là, de la race de LEGBA d'Afrique (qui ouvre les portes).

P C

@ Wilner - Moi aussi je vous aime !

@ Marie A - Nos professeurs qui ont été en Afrique avaient organisé l'éducation aux niveaux secondaire et universitaire. Et moi, votre serviteur, j'ai rencontré des Africains qui ne cessaient de me remercier pour cet apport qui a été bénéfique à tous ces pays.

Nos professeurs n'ont pas été seulement en Afrique. Ils ont aussi été au Canada ou ils ont organisé le système éducatif canadien. Ils ont aussi siégé dans les grandes universités européennes.

Je ne nie nullement nos origines africaines, mais je ne saurais non plus nier nos origines européennes et indiennes et leur apport à la culture haïtienne. Henry Christophe, n'avait-il pas fait venir dans le Nord des professeurs anglais ? Et ce tableau justement n'est-il pas l'oeuvre d'un peintre anglais qui dispensait des cours à l'académie de peinture du Cap ?

L'histoire nous rapporte que les marrons une fois libres dans les mornes adoraient les dieux des Indiens qu'ils croyaient plus forts que les dieux africains parce que les Indiens pouvaient vivre libres dans les montagnes inaccessibles à l'époque.

Et ne parlons pas du phénomène de la zombification qui existe chez nous. Je pourrais citer bien d'autres exemples, mais comme Charles l'a si bien dit, il faut éduquer les enfants d'après leurs origines culturelles.

M A T

@ Patrick — Tout à fait d'accord avec toi. J'ai souligné que les professeurs haïtiens, dont mon oncle, ont apporté l'instruction à des Africains et non la « lumière » comme cité dans ton texte.

Quant à Evans, le peintre anglais, il était entouré de huit peintres haïtiens à la cour de Christophe qui a fondé la première école d'art de la Caraïbe avant Cuba. Justement, je me fais du souci pour le tableau « Notre Dame de l'Assomption » de Sully Moreau peint sous Boyer et qui se trouvait dans la Cathédrale du Cap, profané ces jours derniers.

Je reconnais, admets et jouis de la richesse de tous ces métissages qui font de moi la résultante de tant d'alliances mêmes éphémères. J'ai fait d'autres pèlerinages dans d'autres pays pour retrouver les traces de ma famille et j'en suis toujours sortie heureuse.

J'espère vivre assez longtemps pour voir notre culture « haïtienne » fièrement prônée par les Haïtiens.

Nombreux cachent encore leur passeport quand ils laissent le pays pour ailleurs, etc., etc.

Le plus émouvant témoignage sur la zombification est dans le livre « Temps de Certitudes » du Dr Jacques Ravix, scientifique, victime du phénomène et qui a pu obtenir le contre poison grâce au défunt Hougan Raymond Clavier, homme de grande valeur morale à qui je rends hommage ici.

Je t'aime tout grand

C E D

Patrick a tout à fait raison. Nous sommes à un carrefour de civilisation d'un métissage d'Indien, d'Africain, de Caraibeen et d'Europeen vivants à deux heures de vol de la plus grande puissance économique du monde, qui nous influence aussi. Mais, pour certain, l'Haitianité consiste seulement en un afro-créole rejetant la culture judéo-chrétienne que nos ancêtres ont conquise par les armes.

L'Haïtien est un citoyen du monde. De par ce message, je dois admettre que l'éducation des citadins a toujours été différente de celui des masses paysannes. L'élite et la classe moyenne se servent de la langue française non pas comme un outil de communication, mais comme un moyen de domination. Il revient à l'État de remédier à ces déséquilibres socioéconomiques pour que nous puissions tous parler d'une seule voix. Alors seulement après, on sera une nation.

G C

Il faut, d'après moi, mettre des cadres en place pour empêcher l'exode de nos investissements et même le retour au pays de ce que nous avions planté. Combien de ceux qui ont reçu une éducation, moi et la plupart d'entre nous qui servons un autre système avions abandonné le pays.

Nous l'avions abandonné, dans la plupart des cas pour le manque de sécurité ; il y a trop de corruptions et trop de facteurs qui facilitent la division. Avant de bâtir une maison, il faut d'abord penser aux fondations et aux plans à venir. Ce n'est pas quand on veut construire quelque chose que l'on va détruire ce qui a été construit pour le faire. Il faut savoir ériger même sur la divergence et surtout, ce que je pense être le plus difficile, c'est de savoir protéger nos intérêts et nos acquis.

P C

@ Marie A — Quand je parle de lumière, je ne parle pas de connaissance. L'éducation permet de faire jaillir la lumière et mieux exploiter les connaissances. C'est en ce sens qu'il faut entendre lumière. Nous autres aussi, nous avons tant de choses à exploiter ; mais malheureusement dans certains domaines, il nous manque ce que je pourrais appeler le jaillissement de la lumière. Et c'est grâce à l'éducation que nous devrions atteindre ces objectifs, à savoir mieux exploiter nos connaissances ; la médecine traditionnelle, par exemple.

@ Charles - Merci de partager mon opinion. Ce que certains ignorent, c'est qu'en reconnaissant seulement l'apport africain, ils rejettent tout bonnement une grande partie de leur culture. Et c'est la raison pour laquelle certains profitent pour s'accaparer de ce dont nous « n'avons plus besoin » ou que nous rejetons.

C D

Il y a un courant de pensées qui assimile l'haitiannité seulement à l'Afrique et au créole, ignorant ainsi les conquêtes des fondateurs de la nation qui ont acquis la culture de l'occupant ainsi que sa langue par les armes.

Faisons de nous un carrefour de civilisation ! Certains d'entre eux vont jusqu'à embrasser totalement le créole comme langue nationale alors qu'un système bilingue ne ferait du mal à personne.

P C

Je crois tout simplement qu'il y a quelque part de l'hypocrisie, car tous ceux-là qui veulent faire du créole la seule langue nationale du pays ont le plus souvent fait de grandes études en français (une langue d'ailleurs qu'ils maitrisent parfaitement bien) et parfois même à Paris ou dans une grande université française ou bien ils ont été aux États-Unis pour leurs études supérieures. Pour moi, c'est une forme quelconque pour maintenir le peuple dans une totale ignorance parce qu'avec le créole comme langue unique, comment un jeune va-t-il pouvoir se rendre ailleurs pour compléter certaines études supérieures ? Et je suis d'accord avec toi quand tu dis qu'une ou deux autres langues ne feraient de mal à personne, mais certains ne le pensent pas...

M A T

Messieurs, vous débordez du sujet. SVP, revenez au débat initial. Merci Yanick ; Bonne journée à tous.

Y F

Merci MAT. Bonne journée à tous !!

M A T

Je vous propose une attitude plus correcte du langage dans vos échanges. Chacun a droit à ses convictions et options de vie. Un passeport américain ne peut effacer l'haitianité de celui qui le possède pour moult raisons. Tel ne doit pas être le débat. Le respect de soi est essentiel dans nos partages qui doivent rester enrichissants ou disparaitre. Bonne journée à tous.

H F-L

Si l'on pouvait seulement réfléchir et méditer sur les barbaries infligées à nos ancêtres, nous pourrions surement contrebalancer et équilibrer nos réflexions vis-à-vis de nos compatriotes.

En présentant cette photo de notre ancêtre, le roi Christophe, j'avais l'intention de partager quelque 60 correspondances (lettres adressées à l'abolitionniste anglais, Thomas Clarkson) entre lui et d'autres compatriotes qui s'inquiétèrent d'un retour des esclavagistes français, et autres.

Autant que nous démontrions ces comportements dans ce forum, l'hétérogénéité et vos divisions ne feront qu'amplifier l'énergie destructive qui ne vit que de ces émotions.

Nous nous voulons d'être des pionniers d'une nouvelle société qui sera basée sur la tolérance et sur l'humilité. Démontrez-le au moins dans vos écrits et dans vos paroles !

P C

Yanick avait raison. J'ai eu tort tout simplement de continuer la polémique puisque Alix « finn deraye ». Je veux tout simplement lui rappeler que je n'ai aucune antipathie envers lui. Loin de là, et je veux qu'il se rappelle que même à travers nos différents points de vue, c'est moi qui finalement avais pris l'initiative de l'inviter à me joindre sur Facebook.

Et puis, concernant sa nationalité, c'est lui qui antérieurement, lors d'un commentaire sur un sujet de Paul S, avait déclaré qu'il avait la nationalité étatsunienne.

Et je crois que finalement avec une telle mentalité, on ne peut forcer quelqu'un à changer et à voir le beau même lorsqu'il y a le mal et à changer l'attitude consistant à percevoir en l'autre ses propres agissements et ses propres pensées. Moi j'arrête mes commentaires ici.

Y F

Une expérience qui, je suis certaine, mettra en évidence la nécessité de garder calme et respect pendant un débat. C'est sûr que l'émotion est parfois difficile à contrôler -- on est tous humains --, mais l'effort à faire est définitivement valable. Je conçois, aussi l'importance de rester dans les limites du sujet proposé.

Je souhaite une bonne fin de semaine à tous, dans la paix et l'amour !!

16- BOYER : EXPANSION AND DECLINE

Jean-Pierre Boyer
(Born 1776, Port-au-Prince, Haiti—died July 9, 1850, Paris, France12)

M J
Boyer succéda à Pétion au Palais et dans le lit de sa femme.

Boyer gouverna le pays pendant 25 ans et il l'a maintenu dans un degré respectable de prospérité. Quand il accepta de payer à la France la dette de l'indépendance, il a du imposer de lourds impôts à la population et restaura la corvée et pour cela surtout beaucoup de gens furent mécontents et il devint impopulaire. Vers 1843, dans le Sud du pays, plus précisément aux Cayes, s'est réuni un groupe d'opposants à Boyer avec le titre de

[12] http://www.britannica.com/EBchecked/topic/76479/Jean-Pierre-Boyer

« La société des droits de l'homme et du citoyen ». Ce groupe avait pour mission de renverser le gouvernement.

Le comité de renversement de Boyer choisit pour le diriger Rivière Hérard. Il fit circuler une liste des faits reprochés à Boyer dans « Le Manifeste de Praslin » et il recueillit de milliers d'adhérents.

Une prise d'armes allait éclater à Praslin dans la plaine de Torbeck et se constituera l'armée de rebelles en armes contre l'armée gouvernementale. Dans leur avance sur l'Ouest, les rebelles se renforcèrent par l'armée gouvernementale des villes du Sud qui faisaient défection. Le choc entre les deux armées eut lieu à Léogâne et à MAPOU DAMPUCE. Les rebelles mirent en déroute l'arme gouvernementale et Boyer quitta le pouvoir et partit en exil.

G S

Payer une indemnisation à ses anciens oppresseurs après les avoir vaincus sur le champ de bataille fut non seulement une injustice, mais même une vraie ignominie. Les victimes de l'esclavage (reconnu entre temps comme un crime contre l'humanité) ont été traitées par Charles X comme des tyrans en lieu et place des oppresseurs qu'étaient les Français eux-mêmes. La revendication de J.B.Aristide était correcte et juste. Par ailleurs, d'autres nations entre autres l'Angleterre avaient reconnu l'indépendance d'Haïti inconditionnellement avant la France. Boyer comme les autres membres de nos élites de l'époque voulait à tout prix gagner les sympathies des Français. Notre Indépendance fut conquise, les armes à la main ! Nous n'avions aucune redevance envers la France, au contraire. Ergo : le slogan « Réparation, Restitution » était à mon avis plus que juste.

@ Bel-Ami — Je t'invite à le relire le discours prononcé par Frédérick Douglass sur Haïti en 1893 pour mieux comprendre le bien-fondé du slogan « Restitution, Réparation ! »

Sommes-nous vraiment obligés de payer une indemnisation à tous ceux-là qui nous ont offensés et nous offensent aujourd'hui encore ? As-tu déjà oublié l'affaire Lüders ? On était obligé de payer une indemnisation au gouvernement allemand de l'époque aussi, après que leurs marins ont souillé le drapeau Haïtien de matières fécales. Cela ne m'étonnera pas si un jour même les soldats népalais de la Minustha réclament eux aussi une indemnisation d'Haïti après avoir infesté une grande partie de la population de leur germe de choléra, conformément au dicton « nèg sòt bay se enbesil ki pa pran ».

Essayons donc de juger les choses avec un peu plus d'objectivité en transcendant nos points de vue partisans ? Les biens du colon oppresseur avaient-ils beaucoup plus de valeur que la vie du précurseur de l'indépendance d'Haïti ? Toussaint Louverture périt dans les geôles du Fort de Joux après y avoir passé ses derniers mois sur cette terre dans des conditions infra-humaine. Allons donc.

B-A M

Il m'étonne, cher Ami, que l'Haïtien, le leadership haïtien, n'arrive pas à comprendre que les choses devraient et doivent être refaites de zéro. Partir avec un idéal ! Une union ! Un but commun ! Se réunir en convention pour analyser les choses, en faire une autopsie des 208 années (75,920 jours) passées dans la misère, la maladie, la pauvreté et, jusqu'à aller boire le sale germe des Soldats népalais.

Cela m'étonne que les Haïtiens, après ce tremblement de terre, une chance dans le malheur, ne se soient pas retrouvés et aller se pencher sur les raisons de ce climat néfaste qui dure à jamais. Ils ont choisi de perpétuer la misère et la honte.

Au lieu d'inviter les Docteurs Guillaume S, les juristes d'origines haïtiennes, et autres savants qui font le bien des nations qui les ont accueillis, ceux-ci ne sont plus des

Haïtiens ; ils ont préféré continuer sur la même arrogante et infructueuse course avec leurs incompétentes institutions sans valeurs et en ruines. Ils maintiennent des moeurs périmées et des lois entachées anachroniques qui n'invitent ni au respect d'autres nations, ni à l'investissement et qui plutôt prônent une insécurité des plus sauvages.

C'est l'arrogance, l'imbécilité, le caractère corrompu de l'état haïtien qui font que d'autres nations ne respectent pas Haïti et ne peuvent pas la prendre au sérieux.

En Allemagne, tout comme en France et aux États-Unis, il y a des Constitutions qui unissent les peuples ! Des lois pour assurer la survie des sociétés !

Qui ira dire à la République Dominicaine et aux Dominicains par exemple comment diriger leur pays ? Qui ira stationner leurs armées là-bas pour servir de bouclier pour que les gens ne s'entretuent pas ? Ces pays ont voulu faire de leur société un système qui fonctionne, qui marche et où les gens jouissent d'un certain degré de sécurité et d'une balance normale de la vie.

L'Haïtien s'est montré, et continue à se montrer incapable de penser collectivement pour essayer de faire quelque chose pour le bien-être du Patrimoine et ceci, je le dis, continuera d'assurer le plus profond désespoir de l'âme haïtienne...

La sale histoire ne devrait pas s'éterniser...

G S

Nous avons tous la vision d'une Haïti moderne prospère démocratique et souveraine. Il ne nous sert à rien de nous plaindre ou de condamner qui que ce soit. Nous devons enfin prendre conscience de la nécessité de nous unir comme dans la nuit du 14 août 1791 pour porter le coup de grâce à la misère du peuple. Pour cela nous devons avoir le courage de transcender nos différences de point de vue et mettre les intérêts collectifs du peuple haïtien au-dessus de nos intérêts personnels. Il est temps que notre petit « ego » cède enfin la place au « moi » collectif.

C E D
Le pire c'est que l'on est arrivé à un point ou c'est la canaille qui dirige parce qu'ils sont les seuls à accepter le statu quo qui profite à quelques-uns au détriment de la nation. Moi je crois en l'histoire. Elle a sa propre dynamique et elle surgit quand on l'attend le moins (L'Égypte). L'histoire a toujours le dernier mot et toutes ces racailles seront envoyées là où elles devraient être dans les poubelles de l'Histoire. Je n'ai pas de doute, les meilleurs jours d'Haïti sont à venir, mais le « Tèt ansanm est essentiel.

« La langue, la culture, les moeurs, les religions, les visions politiques, les visions sociales, les origines ancestrales d'Afrique, les niveaux de conscience, le système d'éduca-tion, la formation familiale, le '*blan*'»... Le catalyseur d'unité passera par la transcendance de ces clivages précités qui sont des facteurs de blocage à l'émancipation de l'être haïtien et du pays d'Haïti ».

B D

17- POUR RÉSOUDRE NOS CONFLITS

Place where the slave revolt started[13]

Puisque la difficulté de trouver un point commun pour ré-Unir l'Haïtien s'est avérée impossible, je propose d'appréhender sur les repères de fragmentations. En énumérant ces points-là, il sera probablement plus facile, au fur et à mesure, de les éliminer ou de les modifier. Ainsi, l'on

[13] http://www.galenfrysinger.com/henri_christophe.htm

pourra de s'UNIR comme nos ancêtres ont pu le faire pour se libérer de l'esclavage du colon assoiffé de leur sang. Subséquemment, nous pourrons librement célébrer les 12 ans de combats qui commencèrent dans la nuit du 14-15 aout 1791 et donna comme résultat notre indépendance, déclarée le 28-29 novembre 1803, à Fort-Liberté.

En d'autres mots, et avec un peu d'honnêteté, quels sont d'après vous les éléments les plus visibles qui divisent l'Haïtien d'aujourd'hui ?

Hervé Fanini-Lemoine

B D

La langue, la culture, les moeurs, les religions, les visions politiques, les visions sociales, les origines ancestrales d'Afrique, les niveaux de conscience, le système d'éducation, la formation familiale, le « *blan* »... Le catalyseur d'unité passera par la transcendance de ces clivages précités qui sont des facteurs de blocage à l'émancipation de l'être haïtien et du pays d'Haïti.

H F-L

Mon cher Bito, peux-tu nous expliquer un peu, si possible, l'assertion de tes éléments de fragmentations ?

L M

Je veux dire dans le langage le plus simple ce qui, selon moi, constitue des formes de blocage chez nous : c'est le manque de respect pour la vie de l'autre.

— la propreté, l'hygiène du bien public de ce qui ne nous appartient pas nous laissent indifférents.

— nous aimons nous servir de l'apparence pour cacher la vérité, et tromper l'autre, nous sommes bons en marronnage ''.

— nous sommes assez insensibles face à la souffrance des autres et de notre Pays, surtout face à la souffrance des pauvres et des malheureux.

— nous sommes prêts à utiliser la débrouillardise à n'importe quel prix, contre les autres.
— nous n'aimons pas voir l'autre réussir. (À moins que l'autre ne soit un proche).
— nous agissons trop émotionnellement dans nos rapports avec les autres. Nous avons des difficultés à dialoguer, négocier avec l'autre, le tolérer.
— dans la gestion du bien commun et de l'État, nous négligeons l'administration, l'organisation et le suivi.
— nous exerçons plusieurs formes d'esclavages et de dictatures sur les autres. Nous aimons être chefs pour dominer l'autre.
— nous sommes impatients vis-à-vis des autres et intolérants, surtout vis-à-vis des pauvres.
— nous sommes fermés sur notre famille de sang. Haïti, notre pays ne fait pas partie viscéralement de notre famille. Notre famille de sang ne se développe pas comme faisant partie de notre grande famille qu'est Haïti.
— nous ne construisons pas des institutions, des structures, des lois à respecter, des balises qui sont la garantie de la vraie démocratie. Les institutions solides, cela n'est pas de nos affaires !

B D

Point 1 : La Langue. Il faut une langue nationale qui nous unit en exprimant le réel haïtien dans son authenticité et en donnant à tous la capacité de pouvoir bien s'identifier et se définir dans les échanges, les communications, l'instruction, pour l'émancipation intellectuelle et psychologique de l'être haïtien.

La question, n'était-elle pas d'énumérer les éléments les plus visibles qui divisent les Haïtiens au lieu de faire une liste exhaustive de nos tares ? Suis-je passé à côté ?

L M

Nos tares nous divisent, Monsieur David. Identifions-les et nous pourrons « énumérer les éléments les plus visibles qui divisent les Haïtiens ».

B D
@ Louis Mercier : Oui ! Mais vous les avez énumérées comme étant les caractéristiques imputables à tous les Haïtiens. En ce sens ce serait notre identité et tout le monde tomberait dans le même sac. Je croyais que nous recherchions les éléments de discorde !

Il faut bien définir le sujet pour le débattre sinon nous ne ferons que du coq à l'âne.

Quels sont les éléments de discorde ? C'est ce que j'ai lu dans la question. Après avoir énuméré les éléments de discorde, on pourra ensuite définir des méthodes ou faire des recommandations pour les résoudre, les contourner, les transcender, etc.

Au lieu d'être général, essayons d'être spécifiques et pragmatiques : un problème pour une solution est recommandée ; aussi simple que cela !

J'ai commencé avec le problème de la langue qui est le premier sur la liste que j'ai énumérée.

L M
Nous sommes tout ouie ! Nous vous écoutons !

B D
Les éléments de discorde engendrent des comportements. Ce sont ces comportements-là que Louis a publiés, et il y en a d'autres.
Soyons méthodique :
Éléments de division -----
Comportements négatifs ------
Recommandations de solution.

@ Louis Mercier : Lisez en bas : Voilà ma position sur la question de la langue. Qu'en dites-vous ?

POINT 1 : LA LANGUE : Il faut une langue nationale qui nous unit en exprimant le réel Haïtien dans son authenticité et en donnant à tous la capacité de pouvoir bien s'identifier et se définir dans les échanges, les communications, l'instruction, pour l'émancipation intellectuelle et psychologique de l'être haïtien.

H F-L
Je ne pense pas nécessaire à suggérer des solutions pour l'instant. J'aimerais que l'on regarde encore une fois les éléments qui nous ont divisés et que l'on médite là-dessus.

B D
Et faisons une recommandation à Hervé après que tous les points de vue sont collectés.

B D
D'accord Hervé ! Ce sera pour le prochain débat alors.

L M
Tout à fait d'accord Hervé ! Attendons voir ce que nous réserve Bito David pour le bien de notre communauté tant virtuelle que, surtout, réelle !

H F-L
Excuse-moi, n'avons-nous pas une langue nationale ?

B D
Eh oui ! Discréditée, pas supporteé, encore marginalisée. C'est l'un de ces éléments de divisions que nous devons considérer Hervé. Qu'en pensez-vous, Louis ?

D V
À l'époque de la guerre de l'Indépendance, tous les groupes sur le terrain n'avaient qu'une porte de sortie et s'unir était l'unique moyen. De nos jours, il y a trop de gens qui continuent de bénéficier du pourrissement de la situation en Haïti ; et ils ne sont pas prêts à sacrifier les intérêts personnels ou claniques pour sauver Haïti. Il faut crever l'abcès ou contre vents et marées, arriver à dégager suffisamment de traction pour récolter des bénéfices nationaux qui seront suffisamment enviables

par tous les secteurs pour changer la dynamique. Ne jamais oublier que les intérêts dirigent le monde ! On a beau avoir des voeux pieux ; c'est la réalité !

B D

Quel est donc ton point de façon succincte, Dominique ?

S W P

Petit réajustement historique; et, une proposition de méthode !

Je fais une petite intrusion dans ce débat d'autant plus que j'arrive très en retard et alors que celui-ci a changé de phase. Mais comme il me semble que cela peut être utile pour avancer, comme on dit, « Un en arrière et deux pas en avant » (Lénine dixit), je fonce.

Bon, c'est juste pour m'interroger sur quelques éléments que vous avez présentés comme étant des « faits historiques », mais qui en fait devraient certainement être « revisités » pour être diplomatique ; car ces pseudofaits s'écartent trop de la vérité historique à mon entendement.

Il n'y a pas eu 12 ans de luttes, puis grâce à « l'Unité », la Victoire qui a permis de déboucher sur l'Indépendance. Les esclaves révoltés étaient seuls au « Bois Caïman » et, durant les 12 longues années de luttes qui suivirent le soulèvement général d'aout 1791 (il y a déjà 220 années !).

Pendant cette même période les « nègres de service », comme il faut bien les appeler, prenaient des grades et s'enrichissaient dans l'Armée Coloniale et esclavagiste française de Saint-Domingue, en persécutant les rebelles de la manière la plus cruelle qui soit. Ils persécutaient les esclaves en fuite, noirs comme eux et de mêmes origines, avec des chiens, le fouet ou les fusils. Certes, quelques Anciens libres ou membres, officiers de cette infâme Armée coloniale, avaient bien tenté de s'allier aux leaders des nouveaux libres et surtout aux bandes de nègres marrons, tels un Charles Belair et son épouse Sanite, mais nous savons tous comment ils furent dénoncés par Dessalines puis exécutés.

Cette trahison a bien valu à Dessalines quelques galons dans l'armée française. Nous ne devons pas occulter notre Histoire même si chaque Peuple a droit à ses mythes fondateurs. Quand, après l'installation de Dessalines et qu'il devenait évident que tous les Chefs militaires indigènes noirs et mulâtres allaient être exterminées selon les instructions de Napoléon, il y a eu ce que j'appellerai la petite Unité entre « grands Nègres », anciens et nouveaux. Mais il est tout de même utile dans ce débat de rappeler que pour permettre à cette Unité de prendre corps, d'un point de vue militaire, et, arriver à une « Unité de Commandement » sous Dessalines, il fallait éliminer physiquement la plupart des chefs de bandes marrons qui, pour la plupart, ne voulaient pas se soumettre aux commandements de ceux qui les massacraient hier encore quand ils étaient les « nègres de service » dans l'armée coloniale.

Le plus emblématique est certainement Lamour Dérance, mais des milliers et des milliers ont été massacrées en 1803. Honneur et Mérite à tous ces martyrs et marrons « inconnus » qui ont combattu pour la liberté.

Pour justifier ces crimes, l'historiographie officielle va par la suite présenter ces chefs de bandes Marrons comme de vulgaires délinquants et dangereux mercenaires. Certes, nous ne pouvons pas réécrire l'histoire, mais pour en tirer les leçons il nous faut tenter de la connaitre afin de pouvoir vraiment avancer.

Donc, cette « petite Unite tactique » fut établie entre les « élites militaires » et « économiques locales », mais bien sûr une fois les colons déboutés, les petites guéguerres de clans allaient très vite recommencer et je ne vais pas vous refaire l'histoire du Pont Rouge même si la plupart d'entre vous ne savent pas que l'empoisonnement de Dessalines effectué chez Pétion a été minutieusement concocté au préalable par Pétion et Christophe ; allez vous renseigner et chercher les documents d'Archives ? Alain Turnier, dans « Quand la Nation demande des comptes », en a reproduit quelques fleurons. Et puis cela a continué avec François Capoix assassiné sous instruction de Henry Christophe.

Dans ce cas-là, quand on parle d'Unité, il faut se poser les questions suivantes : Unité avec qui, et pour quoi ? Pour aller où ensemble et pour quoi faire donc ? Souvent quand l'on n'établit pas ces clarifications à l'avance et bien, aussi étonnant que cela puisse paraître : l'Unité fait la Faiblesse, Non la Force !

Et enfin, de quelle Unité parlons-nous : de la « petite Unité » qui certes peut permettre de gagner des batailles extraordinaires telle celle de Vertieres ou de la « grande Unité », j'allais dire de la grande « Unité historique de Peuple » pour employer une expression qui était chère à feu le professeur Marcel Gilbert ? Ah ! C'est vrai, seule la « grande Unité » peut permettre d'aller loin... de « construire un pays » et de « fonder une Nation ».

Mais bon, cela n'est qu'un débat, un processus de longue haleine qui ne peut se faire seulement sur Facebook et qui devrait surement atterrir et se développer aussi et murir au niveau des habitations, des *lakou*, des corridors, des quartiers de tous les bourgs, de toutes les villes d'Haïti et bien sûr se perpétuer hors de nos frontières, partout où des Haïtiens et Haïtiennes de naissance et, ou de cœur vivent et rêvent d'un avenir radieux pour Haïti.

Et pour ce faire, même avant de pouvoir répondre aux questions relatives à la somme de ce qui nous divise et de ce qui nous unit, il me semble plutôt nécessaire de jeter un regard global sur nous-mêmes et sur notre parcours pluriel.

Moi, j'aurais posé les 3 questions suivantes : Qui sommes-nous ? Où sommes-nous ? Où voulons-nous aller ?

L M

Elle nous force à nous unir malgré nous-mêmes. Le problème de la langue n'en est pas un en réalité. Certains veulent nous laisser croire qu'elle nous divise alors qu'elle est en réalité le ciment de notre société. Ce clivage existe dans toutes les langues : l'universitaire, dans quelque langue que ce soit, n'a pas le même langage que le clochard. Pourtant, ils peuvent se comprendre. Et, face à un danger qui les menacerait, ils se comprendraient.

Je ne veux pas non plus que l'on me fasse croire que si je ne parle pas le langage de la marchande de légumes, je ne parle pas la même langue. Sinon, ce ne serait pas nécessaire que je fasse des études.

Dans des pays bilingues, comme la Bolivie ou le Pérou où l'on parle l'espagnol et le quechois, l'Indien le plus frustré ne peut converser avec son compatriote des villes si ce dernier ne parle pas quechois. Ce n'est pas le cas chez nous. L'habitant des villes parle créole, comme celui des montagnes reculées. Il lui suffit de faire l'effort de se faire comprendre.

Donc, pour moi la langue ne saurait représenter un point de discorde. Ceci est un faux problème. Essayons de voir ailleurs !

B D

@ Louis — Très bonne analyse ! Cependant, je voudrais vous poser une simple question. Êtes-vous d'accord qu'en Haïti la langue française est utilisée à des fins de discrimination, d'exclusion, et de mystification, en considérant la réalité sociale du pays ?

S W P

Dans mon « petit » rappel historique, un bout de phrase manque, je reproduis donc la phrase en question dans son intégralité pour tous ceux qui auront le courage et le temps de me lire : « quand après l'installation de l'expédition Leclerc (avec laquelle certains, tel que Pétion était revenu) et la déportation de Toussaint Louverture grâce à de bienveillantes et nombreuses complicités locales, il devenait évident que tous les chefs militaires indigènes noirs et mulâtres allaient être exterminés selon les instructions de Napoléon » ; il y a eut ce que j'appellerai « la petite Unité » entre « grands Nègres », Anciens et Nouveaux.

B D
@ Stephen - Pa gen bouch pou pale ! Nous avons besoin d'un différent forum pour votre perspective. Un grand forum ! Le réel forum. A + !

L M
Je reprendrai ma participation à ce débat plus tard. Je dois retourner à la tâche. Mes excuses Hervé et Bito !

B D
À la prochaine Louis !

18- SÉQUELLES DE LA COLONISATION

« Et là, c'est ce couloir oblique que je j'appelle aujourd'hui la porte du ‘voyage sans retour’. Parce que, à partir de cette porte donnant sur la mer pour ces esclaves, c'est l'adieu à l'Afrique[14] ».

« Messieurs..., Je suis ici pour vous aider à résoudre certains de vos problèmes avec vos esclaves »...
...Je vais vous assurer que la Méfiance est plus forte que la Confiance, et l'Envie est plus forte que l'Adulation, le Respect ou l'Admiration.
L'esclave Noir, après avoir reçu cet endoctrine-ment, devra continuer et se régénérera par lui-même pendant des centaines d'années, peut-être des milliers[15] » ...

Willie Lynch

[14] http://webworld.unesco.org/goree/fr/screens/18.shtml
[15] http://www.finalcall.com/artman/publish/Perspectives_1/Willie_Lynch_letter_The_Making_of_a_Slave.shtml

« L'abolition de l'esclavage en 1793-94 prend place dans la période de crise du Premier Empire colonial européen, en Amérique, qui provoqua un cycle révolutionnaire des deux côtés de l'Atlantique. L'insurrection des esclaves de Saint-Domingue, depuis août 1791, ouvrit une perspective de grande ampleur en mettant à l'ordre du jour l'abolition de l'esclavage, la destruction de la société coloniale, les formes à inventer de la décolonisation. L'insurrection des esclaves conduisait à l'abolition de l'esclavage en août et septembre 1793 et gagna le soutien de la Convention montagnarde qui s'engagea à défendre la liberté générale le 16 pluviôse an II-4 février 1794. L'opposition que suscita la rencontre entre les deux révolutions fut immense. Le lobby esclavagiste, lié à la contre-révolution en France, en Angleterre, en Espagne et dans les colonies, déplaça le champ de bataille de l'Europe à la Caraïbe, entre 1793 et 1804. L'enjeu était le maintien ou non des politiques impériales des puissances européennes esclavagistes et ségrégationnistes. De cette guerre terrible naquit la République d'Haïti, premier gouvernement des noirs, première expérience de décolonisation[16] ».

Florence Gauthie[17]r, Université Paris 7-Denis Diderot

H F-L

On peut, à partir de cette lettre, essayer de comprendre certains comportements de nos compatriotes à l'égard de son semblable, Noir ou Mulâtre, et son adulation envers celui qui l'a colonisé, l'homme blanc.

Il essaie d'acquérir tout ce qui lui est permis, pouvant le rapprocher de son bourreau, tout comme la

16 http://revolution-francaise.net/2005/12/29/15-de-la-revolution-de-saint-domingue-a-lindependance-dhaiti-comment-sortir-de-lesclavage-1789-1804

17 'De la Révolution de Saint-Domingue à l'Indépendance d'Haïti. Comment sortir de l'esclavage ? 1789-1804'

femme battue par son mari à tendance à se trouver un autre batteur de femme.

Il s'attache à la littérature du blanc, sa musique, sa religion et se détache de tout ce qui lui est intrinsèque ; etc., etc.

Enfin de compte, par tous les moyens possibles, il se blanchit en épousant une femme « *grimèl* », qui d'après lui le rapprochera plus près du blanc (*fò w met lèt lan kafe w*) ; la femme par tous les moyens possible se fera feconder par un homme à peau clair... Etc., etc.

M L
Voici la partie plus sournoise de son plan : « portez peu d'attention à cette génération, mais concentrez-vous sur la FUTURE génération. Par conséquent, si vous cassez la mère féminine, elle brisera sa progéniture dans les premières années de développement ; et lorsque la progéniture est assez âgée pour travailler, elle la livrera à vous, car ses tendances normales de femelles protectrices auront été perdues dans le processus de la rupture ».

Memetic au travail : Propager le virus par le biais de l'hôte.

H F-L
Hugues, je pense qu'il faut d'abord comprendre que le problème existe avant de le résoudre. L'éducation est toujours à la base !

La question à débattre devrait être celle-ci : comment se détacher de la '*blancofolie*' ?

H G
Hervé, faire strictement de la bêtise humaine une simple affaire de race n'est pas moins dangereux que la bêtise même que nous déplorons.

H F-L
Hugues, je pense qu'il est nécessaire de bien comprendre son passé comme peuple à fin de se construire un avenir lucide ; dans le cas du peuple haïtien, il ne s'agit pas

d'une affaire de race, mais d'une affaire d'évolution de la conscience.

H G
Dans le cas précis du passé haïtien, pouvons-nous vraiment faire évoluer notre conscience sans connaitre la littérature du blanc, sa musique, sa religion qui, bien ou mal, sont aussi des nôtres ; sans pour autant ignorer les autres éléments qui font de la culture haïtienne une culture hybride ?

H F-L
Tu parles de l'Haïtien scolarisé, n'est-ce pas, Hugues ?

H G
Oui. Serait-il moins haïtien que les autres ?

H F-L
Pas du tout Hugues ; mais tu parles d'un groupe qui représente à peine 10 % pour cent de la population !

M L
H M. Girard, pardonnez-moi mon intrusion. Je pense que le problème ne réside pas dans l'exploration de la culture européenne, mais dans la relative importance que nous plaçons sur les reliques culturelles d'origine européenne à l'instar d'autres sources de notre identité qui sont aussi importantes.

H F-L
Très bien dit, Marc

M L
Merci ! J'essaie de contaminer mes compatriotes avec le virus de l'estime personnelle autant que je peux.

H F-L
Très bonne initiative, Marc !

H G
Marc, je vous arrive !
@ Hervé — J'ai, la devant moi, à côté de mon ordi, une pièce de collection que j'adore. C'est le CD-livre « Angels in the mirror: Vodou music of Haiti ». À la page 40, il y a une photo qui n'a pas cessé de m'intriguer, c'est celle d'un groupe de musiciens, vraisemblablement des paysans (à moins que ce soit un montage soigne à dessein), probablement peu ou pas du tout scolarisés, à en juger de la part de leur contenance. Parmi les instruments qu'ils exhibent se trouve un violon ; symbole par excellence de la haute culture européenne (à comparer à la basse culture européenne). Que vient faire ce violon dans cette scène ? Par où est-il passé ?

H F-L
Je vais dormir, je te répondrai demain ; bonne nuit.

H G
D'accord Hervé, c'est toujours un plaisir de te parler !

H F-L
Avant de partir, je te laisse avec l'idée que le violon n'a pas une origine européenne :

> « ... Le violon est issu d'instruments venant de l'Asie Antique, de la Perse et de la Chine ce qui signifie clairement que le violon n'est pas né d'un jour à l'autre, mais il est le fruit d'une évolution séculaire et empirique[18]... »

H G
Hervé, je t'assure que celui de la photo ne nous est venu ni de l'Asie Antique, ni de la Perse, encore moins de la Chine ! MDR !

---

[18] http://www.le-violon.net/origines.html

LOL ! @ Marc — Decider de quelles sources, quelles faces et facettes de notre identité présenter au monde, et de devoir de prétendre les séparer finissent par faire de nous de véritables schizos !

M L
Ne penses-tu pas que nous le sommes déjà ? C'est exactement ce que nous faisons en donnant la préférence à la culture européenne.

H G
Qui parle de donner la préférence à...? Comment décide-t-on qu'untel ou untel donne préférence?

G C
Je suis content que tu aies posté le Diderot qui n'a jamais été enseigné en classe. Il en est de même de Voltaire, un négrier, qui a investi une petite fortune dans la traite des noirs. Il faut bien comprendre que l'exploitation commence toujours par des propagandes mensongères sans fondements qui à force de les répéter passe pour vérités dans de petites cervelles.

Hier, nous célébrions notre Antenor Firmin qui a répondu à Gobineau sur son essai : « De l'inégalité des races humaines ». L'Europe tout entière dans le désir de dominer le monde n'avait d'autre choix que de remplacer Dieu lui-même se posant comme tel par des enseignements erronés. Ils ont même changé la couleur du Christ et de Marie par les peintres honorant la couleur des Borgias qu'ils servaient. Ils sont arrivés à nous faire même haïr la couleur de notre peau. Ceci dit pour aborder le thème en question, l'année dernière j'avais posté ce sujet, la lettre de Willie Lynch. .

C'est un sujet à controverse. Après diverses analyses, j'ai conclu que cette lettre était fausse, mais reste vraisemblable. La controverse est une forme d'écriture employée par certains auteurs pour attirer l'attention sur un sujet donné. L'histoire et la réalité d'aujourd'hui semblent prêter main-forte à la véracité de cette lettre. Si nous considérons comment nos ancêtres ont été traités, et comment jusqu'à présent nous sommes vus et traités, cette lettre est une réalité et une vérité indéniable qui nous représentent...

M L
Pense à notre culture. Nos préférences. La femme de peau claire. Dis quand fut'it que tet gren was a compliment et tet soi was an insult?

E A
Bon dialogues, mes amis !

H F-L
@ Hugues — L'origine du mot violon remonte au plus profond du XVIe siècle. Ce terme semble attaché à la fois au rebec, violes, lyres, vielles et autres gigues. Il était classé dans le genre des instruments hauts (donc qui jouaient en plein air)[19]....

Il y a eu l'évolution de cet instrument au VXIIIe et XIXe siècle, naturellement, mais n'est pas une invention européenne à la base.

H F-L
Comme je l'ai mentionné plus haut, le violon est issu d'instruments venant de l'Asie Antique, de la Perse et de la Chine ce qui signifie clairement que le violon n'est pas né d'un jour à l'autre, mais il est le fruit d'une évolution séculaire et empirique...

H G
Hervé, tu sembles vouloir éviter d'admettre ce qui est évident par de grands détours lyriques et savants : ce violon tombé entre les mains d'un paysan sous une tonnelle quelque part dans le Sud-Est d'Haïti est un héritage (probablement de famille) venu de la France, preuve de notre culture métissée. Insister à faire « la part

---

[19] http://www.auxtroiscles.com/historique_violon.htm#origine

des choses » de cette culture ne peut qu'aiguiser notre schizophrénie. On peut valoriser les aspects longtemps négligés de notre culture sans en occulter d'autres.

S W P

Voici ma petite réaction après avoir lu les commentaires autour de la publication de la Lettre de Willie Lynch mise en ligne, disons par Hervé :

Ces échanges sont plus qu'intéressants, mais finalement il me semble que tous ceux et celles qui sont plus ou moins « blancophiles » ou francophiles ou pro-occidentaux ont tout simplement été conditionnés pour l'être y compris nous tous qui participons à ce petit forum ; et nous ne devons ni le nier ni nous culpabiliser pour cela.

C'est vrai, que comme le dit HF-L, il nous faut au moins reconnaitre cela ; mais ceci non plus ne se fera pas du jour au lendemain, d'autant que notre endoctrinement est continu et en le disant je n'ai nullement l'intention de jeter la pierre à « l'Autre ou aux Autres ».

Le travail a tellement été bien fait que nous en sommes maintenant arrivés au point où nous le faisons par nous même et de manière semi-autonome. Beaucoup d'entre nous ont donc acquis ce réflexe conditionné qui nous fait agir au quotidien en experts de l'auto-endoctrinement ; pondérons tout de même en disant que là, nous parlons plus ou moins des 40 % alphabétisés (et non pas seulement des 10 % HF-L. Tu as seulement comptabilisé les « lettrés » véritables, semble-t-il. Ainsi, nous critiquons certes les étrangers et revendiquons toujours notre esprit : « Dessalinien », mais nous affligeons dans le même temps nos compatriotes, à tout bout de champ, des pires tares et/ou défauts, qui ne sont finalement qu'humains et non raciaux, car la Biologie a bien démontré depuis plus de 50 années au moins que la notion de « race » n'a rien de scientifique.

Le caractère à multiples facettes façonné par notre parcours historico-identitaire (et non pas simplement dualiste) nous amène à avoir des comportements et des choix/échelles de valeurs à la « Babel », pouvant confondre plus d'un : dénoncer le semi-esclavage des braseros en République Dominicaine et fermer les yeux sur le semi-servage de plus de 300 000 enfants à l'intérieur du pays.

Merci Marc pour cette intéressante information sur « les mulâtres ». Je proteste toujours quand on m'appelle ainsi, même si j'ai parfois « la tête dure » aussi !

Maintenant, j'ai un argument de plus. Quant à une autre information publiée par Guy Cayemitte : « Voltaire qui était un négrier a investi une petite fortune dans la traite des noirs », je n'avais pas cette information et aimerais bien recevoir quelques sources/références fiables à ce sujet, car tout dernièrement, je commentais le post d'un ami très militant qui faisait l'éloge du beau geste de Victor Hugo qui avait envoyé une lettre de condoléances officielle au Gouvernement de la République d'Haïti, suite à l'exécution de l'activiste et anti-esclavagiste blanc américain John Brown. C'est pour cette raison que j'aimerais revérifier avant de diffuser une telle information (même si nous savons qu'il y a partout des magouilleurs et des audacieux, ce n'est pas une affaire de « race »).

Quant à l'origine du violon, HF-L, nous n'allons pas nous émouvoir pour si peu tout de même. Après que Marco Polo ait découvert les pâtes alimentaires (actuellement dénommées « spaghetti », je m'excuse de ne pas connaitre le nom originel chinois enfin, en mandarin) et que ce mets soit popularisé en Europe puis dans le monde, combien de personnes vont aujourd'hui te croire si tu déclares que les pâtes sont d'origine chinoise et non italienne ?

Si je vous dis que ce ne sont pas les Anglais qui ont inventé le football, mais les « Amérindiens » ; et non plus les Américains qui ont inventé le chewing-gum, mais toujours nos braves « Amérindiens » si décriés en tant que sauvages imaginaires ? Aller consulter entre autres l'ouvrage « L'Indien Généreux » de Louise Coté, Louis Tardivel et Denis Vaugeois ; Ed. Boreal). Dans ce livre richement illustré, vous verrez comment « l'erreur de Ptolémée » a permis à Colomb de découvrir « l'Amérique » ! Bien sûr, vous allez me rétorquer qu'il y avait des « Africains » en « Amérique » bien avant Christophe Colomb... pour avoir lu l'ouvrage de Ivan van Sertima : « Ils y étaient Avant Christophe Colomb ».

Bon, eh bien, c'est pour cela qu je disais que le processus de valorisation de notre Culture, de notre Identité est un long processus. Et à ce propos, Marc, quand vous écrivez : « *You cannot love your country if you do not love yourself*[20] » ; c'est si vrai, mais on pourrait préciser : you cannot love yourself if you don't know yourself, if you don't know where you come from !

Il y a donc un long travail d'information, de formation et de recherches actives aussi à faire pour revitaliser notre Identité. Et ce travail est un travail titanesque auquel chacun doit contribuer, mais dont nous ne pourrons voir les fruits que sur plusieurs générations. Rappelons-nous que Amadou Matar Mbo avait plaidé, du haut de la tribune de l'UNESCO, pour un Nouvel Ordre Mondial de l'Information et de la Communication avec tout un Programme bien structuré de revalorisation entre autres de l'Histoire de l'Afrique, avec la promotion d'autres sources fiables d'information pour nous libérer de la domination de 5 ou 7 grandes agences « d'information » que tout le monde rediffuse. Et vous, vous souvenez-vous bien comment il a été obligé de prendre rapidement la porte de sortie !

Alors messieurs, êtes-vous vraiment prêts pour ce long combat contre les nouveaux Goliath à multiples facettes, à la fois en nous et nous dominants ? Vos « fistibals » sont-ils à la portée de mains ?

H F-L

Je ne dis pas non, Hugues ; tout comme « la contredanse » est un héritage français, le violon dans le folklore haïtien est encore un effet de la colonisation. Une sorte d'amalgame culturel, ainsi illustrée dans l'iconologie

20 Vous ne pouvez aimer votre pays si vous ne vous aimez pas d'abord !

Vodou, où Danballah Wedo devient St Patrick par association ou par soumission.

H G

Mais, le monsieur de la photo, lui, n'a probablement rien à voir avec la « colonisation ». Il a tout simplement grandi avec le violon accroché au mur. Peut-on encore parler de colonisation plus de 200 ans après ? N'est-ce pas un simple héritage culturel ? Je suis sûr que le monsieur ne s'est pas attardé à questionner ni la provenance du violon, ni la signification de sa présence dans sa maisonnette. Il a très probablement appris à en jouer tout simplement.

H F-L

Mon cher frère, Hugues, ce monsieur de la photo a probablement aussi oublié, ou du moins, il n'a jamais su qu'il existait de grands empires en Afrique avant que le Pape Clément IV eût donné sa bénédiction au Portugal pour coloniser le Congo et mettre le peuple congolais sous le joug de l'esclavage.

C'est cela, la mémoire d'un peuple ; son origine, ses racines ! Il ne s'agit pas de se contenter de répéter des vers de Molière et de Racine, ni de citer Montesquieu ou Nietzsche, etc. Mais, réaliser que la connaissance des valeurs ancestrales sera le seul moyen pour l'Haïtien de se reconnaitre, si naturellement il a appris à comprendre ce qui lui a valu d'être Haïtien.

J'aime cette citation de Marcus Garvey : « Un peuple qui ne connait pas son passé, ses origines et sa culture ressemble à un arbre sans racines ».

Et celui-ci de Notre Toussaint Louverture : « En me renversant, on n'a abattu à Saint-Domingue que le tronc de l'arbre de la liberté, mais il repoussera, car ses racines sont profondes et nombreuses » !

G C

Ce sujet se débat dans sa diversité comme il se doit d'être. Je commencerai par le violon qui semble être un intérêt particulier. L'origine des instruments de musique remonte de la nuit des temps l'homme des cavernes aurait découvert diverses sources pour produire des sons, à vent, à cordes ou percussions. La variété et la diversité ont évolué dans le temps et l'espace, oubliée à la décadence ou disparition d'une civilisation. Une simple corde et un arc en bois sont un instrument que l'on peut jouer avec un arc, certains ont employé leur dextérité pour le faire comme en Afrique.

L'Asie, spécialement la Chine et le Japon, étaient des civilisations cloitrées qui ont découvert beaucoup de technologies très utiles, la poudre à canon, les lunettes et la forme de guitare plus complexe même que ce que nous utilisons de nos jours.

Parallèlement, certaines civilisations en Afrique ont également fait de grandes découvertes. Les plus grandes universités connues se trouvaient dans ce continent. Socrates lui-même y a passé plus de 20 ans de sa vie à étudier dans une de ces universités, et la formulation « *Connais-toi toi-même* » était tabulée et répandue bien avant lui.

La connaissance des étoiles était connue, incrustée dans des cavernes, des cartes bien précises de la position de certaines étoiles non observables à l'oeil nu.

Les Mayas ont des horloges du temps ce que nos technologies actuelles ne peuvent figurer. Les sciences et instruments se diversifient dans le temps avec les moyens du bord et sophistications de cette civilisation. Le banjo est une création bien américaine et la tonalité du violon différent comme l'est le fifre dans nos campagnes.

Ce sujet peut s'étendre à l'infini. Abordons une autre facette de notre hérédité qui n'est pas moins passionnante. Quand nous considérons le taux de la population, les informations léguées par les historiens d'alors, les Tainos ayant été décimés ; les noirs, en les remplaçant, constituaient une majorité imposante, la population des Européens qui était de la classe ni érudite ni galante de l'époque satisfaisait leurs bas instincts avec leurs esclaves. La société, d'après Moreau de St Mery, semble-t-il, était des plus dévergondées. Les chaudes mulâtresses avaient des atouts comme de nos jours et circulaient presque nues pour étaler leurs marchandises trop attrayantes.

Bien que nées libres, les lois interdisaient au père de donner son nom à la progéniture mixte, tel fut le cas de Anne Alexandre Pétion (Petion est un nom adopté par celui-ci d'un député français — Sabes est le nom de son père).

Malgré le refus d'intégration de la race blanche, la progéniture mixte a toujours cherché et réclamé même l'égalité de droits et de moeurs avec ceux-là qui passaient même des lois quand à la couleur même des habits qu'ils portaient.

Oge et Chavanes n'ont jamais voulu associer leurs révoltes aux Noirs, car ils en étaient aussi des propriétaires.

Les tensions ont toujours existé entre ces classes et même à l'intérieur d'elles, entre les « grands blancs », les « petits blancs » ou les « blancs mannans ». Certains noirs, même Toussaint, ils avaient tous des esclaves.

Les mulâtres ne sont pas si homogènes qu'on le pense. Duvalier a utilisé ce facteur ; je l'expliquerai en temps et lieu. L'union des mulâtres était forcée, car Napoleon voulait supprimer tous les généraux indigènes. Après l'indépendance, la classe mulâtre s'imposa et relégua la majorité « en dehors » pour son grenier, avec l'espoir d'avoir la bénédiction de la classe qui les a toujours méprisés. C'est ainsi qu'ils négocièrent et paillèrent l'indépendance offrant même le Triple de la somme réclamée aux dépens du dur labeur des noirs. Une somme qui pourrait contribuer à l'éducation et l'avancement du pays. Les enfants de la ville ont été SCOLARISÉS comme l'a mentionné Hervé par le colonisateur d'où la divergence qui parfois demande une main de fer à l'arène (les dictatures).

Le conflit avec le réveil de conscience de certains (A. Firmin, Price Mars) font chocs aux cultures enseignées et ancrées trop profonds dans nos meurs et dans nos RELIGIONS.

Qu'en est-il du présent ; et où en sommes-nous ?

Une Référence historique

« En effet, Saint-Domingue (maintenant Haïti) est en très forte croissance, elle assure aux produits de France leur première zone d'exportation et elle produit à elle seule plus de sucre que toutes les îles et colonies anglaises des Caraïbes réunies. Sans parler du coton et du café qui y sont en pleine expansion et couvrent 50 % du marché mondial du moment. La partie française de l'île surnommée la 'Perle des Antilles' fait vivre 600 000 esclaves et affranchis noirs ainsi que 30 000 Blancs arrivés pour la grande partie récemment de France. Ce sont souvent des membres de la noblesse ou des hommes d'affaires très entreprenants qui n'ont qu'un objectif en tête, celui de s'enrichir…

… Dans certains documents qui retracent l'histoire de ces Français des Caraïbes durant cette période de 25 ans à cheval sur la fin du 18e et le début du 19e, on parle de fuite et de réfugiés. À mon sens, les termes sont inexacts, car dans la majorité des cas, les personnes qui vont quitter Saint-Domingue pour s'installer dans d'autres îles des Caraïbes ou aux États-Unis le font bien évidemment à cause des nouvelles conditions politiques, mais surtout par choix personnel et pour des raisons d'affaires. Cela est vrai autant pour les Blancs, les gens de couleurs libres ou encore les esclaves noirs affranchis. Leur volonté, leur dynamisme et leur sens des affaires vont apporter un souffle nouveau dans l'économie des États-Unis et ils vont être à l'origine du développement de la culture du coton dans ce pays[21] ».

21http://www.lesoleildelafloride.com/Vol27/315/Fait_Francais/faitfrancais_Caraibes_20000_Francais

19- SOUVERAINETÉ

http://www.huffingtonpost.com/2010/01/13/haiti-earthquake-photos-video_n_421155.html

Ils disent que 1804 a été un mensonge. Une insulte. Une anomalie. Ils disent que d'anciens esclaves incultes ne sauraient édifier un État moderne viable. Et que tout le simulacre d'indépendance allait un jour s'effondrer...

De menace pour l'Occident esclavagiste, nous sommes devenus, par enchantement, un danger pour la 'sécurité internationale'...

D'abord, des forces multinationales sous commandement américain pour imposer leur ordre. S'ensuit, toujours, l'ONU pour maintenir cet ordre dicté de Washington. Paris. New York. Ottawa. Brasilia. Santiago. Buenos Aires. Santo-Domingo !...

La tutelle est consentie. La République moribonde collabore et contribue à sa propre insignifiance... D'autres pays adultes pensent pour elle. Elle peut se désarmer. Une infrastructure militaire internationale s'arme pour elle. Elle peut se permettre de fermer les yeux sur ses enfants...

L'assistance internationale palliera les défaillances haïtiennes comme par le passé. De la gouvernance ordinaire dans une Haïti ordinaire. L'État haïtien n'a pas uniquement failli. Il s'est effondré. C'est l'épilogue tragique d'un travail de sape interne et externe réalisé dans la longue durée...

Une telle Haïti à ce point dépendante, infantilisée, déconstruite, défigurée et rapetissée, peut-elle se prétendre souveraine au point d'aspirer à avoir sa propre armée nationale... ?

Les Haïtiens doivent se dire que leur priorité devrait être, justement, ce dont l'infrastructure locale et internationale de la tutelle semble ne pas vouloir : la refondation d'Haïti...

Souverains avons-nous été, souverains devons-nous redevenir[22]... »

Daly Valet, Journal « le Matin, Haiti...

G S A

Hélas ! Ce sera sans doute la volonté politique d'un autre jour.

M A T

Honneur

Un éditorial de Daly Valet qui vous prend à la gorge jusqu'à la limite de la suffocation.

La stupéfaction de se voir tel que l'on est dans l'opprobre, le passéisme, la débâcle et le laxisme, l'esprit clanique destructeur de toute pensée évolutive vous laisse bouche bée.

La honte qui hésite encore a créé un catharisme pouvant secouer la léthargie des patriotes et des nationalistes vous questionnent du haut du balcon des décideurs.

On perd souffle a lire M. Valet quand brusquement en excellent homme de métier, il ouvre une fenêtre sur la positivité et l'attente d'une solution collective.

---

[22] http://www.lematinhaiti.com/contenu.php?idtexte=26248

Aurons-nous le courage de relever le gant ?

Excellent papier Mr Valet ! Puisse votre intervention élaguer cette fange qui nous guette et menace notre indépendance en réveillant la véritable conscience citoyenne.
Respect, MAT.

J L
L'on trouvera toujours une réponse à tant d'inepties. Maintenant, le peuple haïtien en sa totalité est victime d'une aberration, de l'impulsivité d'un dirigeant qui a accepté d'être escorté au pays par une arme étrangère. Depuis lors, les étrangers ne cessent de s'immiscer plus profondément dans la politique du pays. Et voilà ou nous en sommes aujourd'hui ; une occupation silencieuse.

C D
En effet MAT, c'est un defit à relever...

J P
La reconquête d'Haïti doit se faire d'abord dans le coeur et l'âme de tous les Haïtiens afin qu'ils puissent se soucier de son prestige et ensemble poursuivre le but de la reconstruire. Il est nécessaire de reconnaitre que les divisions qui ont été créées n'ont servi qu'à la destruction et qu'il est temps d'avoir la vision d'un peuple uni. Nous pouvons nous servir de notre diversité comme un atout pour accomplir les tâches nécessaires pour atteindre notre but et ainsi prouver à nous et aux autres que nous sommes capables d'acquérir une vraie indépendance. « *Yon sèl dwèt pa manje kalalou* ». Nous avons dans notre culture le système du « KONBIT » que nous pouvons mettre en pratique. Chacun des doigts de la main est d'une longueur différente, mais ensemble ils forment un poing très solide, tandis qu'un seul doigt n'a pas beaucoup de force. Donc nous avons le choix : être divisés et faibles ou se mettre ensemble et rester ensemble pour la construction d'un avenir meilleur pour tous.

H F-L
Bravo et merci Daly pour ce rappel réconfortant. Il reste à croire qu'il y a des Haïtiens qui se veulent d'être fier de leur haïtiannité !

B D
Salut Charles ! Je te remercie du partage ! L'article est bien écrit, tout y est dit ! Il nous manque un vrai leader, quelqu'un qui a du charisme, pour reprendre les choses en main !

N T W
Le monde a bien changé...! Haïti ne sera jamais plus ce qu'elle était autrefois. La mondialisation gagne du terrain et notre pays n'y échappera peut-être pas. Nos faibles dirigeants ont tous été manipulés par ces vautours qui nous occupent depuis quelques années déjà. Malgré tout, en lisant le posting de Judy et en revoyant tous ces visages déterminés, je me redonne un peu d'espoir. J'aimerais tellement écrire quelque chose de positif ! Je pense que je vais me contenter de relire les différents commentaires avant d'aller faire un bon dodo finalement.

Du courage et un bon week-end les amis (es) !
Merci Charles !

J L
Ce que nous constatons, aujourd'hui, c'est la somme résultante de nos querelles internes : la politique de la déraison pratiquée par nos dirigeants depuis près de 25 ans. En effet, Haïti a toujours lutté pour sa survivance de 1804 à nos jours, mais en 2011 nous ne devrions pas être une seconde fois sous tutelle après l'avoir déjà expérimenté dans le passé. Voilà les résultats de nos chimères par notre avidité de pouvoir, nos traitrises, nos attitudes néocolonialistes, notre manque d'expertise en gérance gouvernementale et nos comportements fanatisés.

G D

Une magnifique analyse de la psyché haïtienne et de la nature vindicative de la communauté internationale ! Une communauté internationale qui n'a jamais pardonné leur échec à mettre en œuvre leur plan pour annihiler les descendants de noirs misent en esclavage (1801, Expédition — Napoléon Bonaparte, Charles Victoire Em-manuel Leclerc, André Rigaud) qui les ont vaincus dans la guerre de l'Indépendance, il ya 207 ans !

Ces jours-ci, il est devenu facile pour mettre leur plan d'extermination en marche, tout simplement parce qu'ils ont maîtrisé l'art de la manipulation en gardant les Haïtiens en état de pauvres (1826, Charles X, indemnité de 150 millions de francs), sans-abris et affamés, et se servir de l'enrôlement de faibles d'esprit de politiciens haïtiens et de traîtres (1915, Sudre D'Artiguenave, Conze, 1941, Lescot, 1950, Paul E. Magloire, 1971, Jean-Claude Duvalier, 1988, Leslie Manigat, 1994, Aristide, Preval 2004, Gérard Latortue, Boniface Alexandre, UN), une occupation questionnable par les membres de la MINUSTAH — 2004, et de désastres contestés (séisme du 12 janvier 2010) !

La communauté internationale a tous les atouts à portée des mains pour donner du fil à retordre et assassiner ceux qui osent questionner leurs lamentables forfaits ! Ils cachent leurs sales mains et ils utilisent ces obéissants et tous les prêts politiciens haïtiens qui préfèrent comme Judas, vendre leur pays et leur peuple, leurs propres amis, en retour pour trois pièces d'argent !

Cet épisode me fait mal à vomir !

B D

Salut Gérard ! Tu es dur avec les Haïtiens ! Tu as pourtant énuméré les dates durant lesquelles nos puissants amis mettent à exécution leur plan d'extermination ! Remarque, que quand un président résiste, ils mettent le pays sous embargo et affament la population. Si cela ne suffit pas, ils envahissent le pays et en sortent le président « manu militari ».

Les esclaves ont pu se défendre, parce qu'à l'époque, la France était en guerre avec tout le monde et n'avait pas pu envoyer des renforts en Haïti ! Aujourd'hui, les grandes puissances s'entendent bien quand il s'agit d'écraser, d'envahir et de briser des vies ! J'en veux pour preuve ce qu'ils font dans les pays arabes, qui sont riches et autonomes. Quand il s'agit de renflouer leurs propres caisses, ils le font au détriment de tous. Je sais que les hauts placés haïtiens soutiennent les Chimères et quelques autres assassins, ça, ce n'est pas cool ! Si au moins le pays était fréquentable, les soldats étrangers n'auraient pas leur légitimité ! Il y a des soldats étrangers en Allemagne, ils ne se permettraient pas de violer et de polluer le pays comme cela se passe chez nous.

Même si vous êtes antiarmée, je maintiens qu'un pays qui n'a pas une force organisée prête à défendre ses valeurs n'est pas un pays. Il est plutôt une serpillière sur laquelle tout le monde vient essuyer ses pieds. Bon dimanche à tous !

A S

Baby, je suis presque d'accord avec toi à 100 %. Mais, sur la question de l'armée. J'aimerais te demander quel rôle pourrait jouer une force armee pour eviterla tragédie que nous subissons aujourd'hui.

B D

Salut Alix ! Si tu considères le pays comme une école, les envahisseurs seraient des enseignants et l'armée serait les parents ! Tu es d'accord avec moi, qu'un enfant qui a un bon encadrement parental réussit mieux qu'un enfant livré lui-même et qui attends tout des profs. C'est exactement ce qui se passe en Haïti. Il n'y a pas de guerre. Si nous avions une vraie armée formée pour défendre les intérêts du pays avec tous les corps de métiers, lors du séisme, les hauts gradés sauraient quelle est la bonne conduite à tenir, sur quel emplacement et vers quelle destination évacuer les blessés. Là nous n'avions rien ! Les secours sont arrivés armés jusqu'aux dents en tirant sur tout ce qui bouge. Pour couronner le tout, ils déversent leur déjection dans la rivière et tout cela dans l'indifférence générale !

À l'école, nous avions appris que les selles devaient être enterrées pour ne pas contaminer les autres, justement. On nous envoie les pires déchets de l'humanité pour maintenir l'ordre chez nous alors que ces engeances n'ont aucun ordre dans leur propre vie.

Quand je parle d'armée, je ne parle pas d'une bande de guignols arrivistes qui se croient au dessus du peuple. Je parle d'une force instruite, bien formée et bien organisée qui soit là pour protéger le peuple et sauvegarder nos valeurs. Alix, si tu ne me trouves pas assez claire, téléphone-moi, parfois de vive voix, le message passe mieux ! Toujours à ton service !

C D

Je ne sais pas pour l'avenir si nous serions en mesure de nous défendre contre le grand voisin. Entre temps, notre petit voisin n'a pas les moyens de nous occuper. Pour l'instant, le pays a besoin d'une armée d'éducateurs, de médecins, d'ingénieurs, d'ouvriers agricoles, de professeurs, d'agents du reboisement, etc. Ce sont là nos priorités si l'on veut allouer au peuple l'accès à une éducation de défense civile et d'instructions militaires que l'on pourra mobiliser en cas de besoin. Il n'y a aucun problème.

Mais, je vois très mal l'idée de dépenser de nos très maigres ressources pour reconstituer l'armée au lieu d'éduquer le peuple et construire l'infrastructure essentielle au développement agricole et industriel. Ces dépenses non-productives comme l'achat de canons qui coûte excessivement cher et la maintenance qui nécessite un budget faramineux, au milieu de cet océan de misère et d'ignorance, ne sont pas une affaire de priorité, tout simplement. C'est comme acheter une voiture luxueuse alors que l'on dort sous un pont.

Pour l'instant, je pense que réorganiser une armée en Haïti est un luxe que l'on ne peut pas se permettre. L'Haïtien est en général un peuple paisible et l'on n'a pas besoin d'une armée pour combattre le banditisme. Il faut avoir les moyens de sa politique.

G C

Nous sommes tellement divisés. C'est là le problème. Comme des pièces neuves étalées sur une étagère, la machine devient désuète avec des pièces sans utilité.

Préventions sont mises dans nos systèmes pour nous unir à travers les religions et des systèmes d'enseignement. Notre perception mime de notre société. L'argent n'est qu'un modus variable d'échange bien que bBeaucoup croient trop que c'est un facteur de développement !

C D

Je pense plutôt que c'est le capital humain qui est le principal facteur de développement. Si l'on peut parvenir à développer l'homme haïtien, le développement du pays emboitera le pas. Mais comme tu l'as dit, Guy, ce sont les démons de la division qu'il nous faudra exorciser si l'on veut vraiment arriver à un consensus.

H F-L

« Les Haïtiens doivent se dire que leur priorité devrait être, justement, ce dont l'infrastructure locale et internationale de la tutelle semble ne pas vouloir : la refondation d'Haïti. La reconquête de sa souveraineté par le retrait progressif des forces militaires étrangères sur son sol dans les meilleurs délais. La reconstitution de son prestige. De son armée. La consolidation de sa police. La réinsertion de son peuple dans le concert des nations braves. Et fières. Souverains, avons-nous été, souverains, devons-nous redevenir ! » Daly.

Est-ce que des Haïtiens de ce calibre existent quelque part en Haïti et en Diaspora ? Et, s'ils existent pourquoi manifesteraient-ils ce désir de s'aimer quand, absolument, rien n'a changé dans son éducation ?

R G

Dans la foulée et dans l'enchevêtrement de ces pensées qui scintillent, il y a lieu de convenir que tout peut être conçu à la lumière d'une vision intégrée de construction d'une nation. Or, ce qui persiste à faire son petit bonhomme de chemin dans l'esprit « régalien » de nos décideurs, c'est de chevaucher le cheval de l'orientation politique sauvagement absurde mettant en péril la structure matérielle de l'État.

S'il faut jeter un coup d'œil sur notre charte fondamentale, l'on s'apercevra d'entrée de jeu que son préambule et dans la lettre et dans l'esprit ne cesse d'être l'objet de flagrante violation systématique par nos successifs gouvernements. Lisons ceci : « Pour constituer une nation haïtienne socialement juste économiquement libre et politiquement indépendante... Pour rétablir un État stable et fort, capable de protéger les valeurs, les traditions, la souveraineté, l'indépendance et la vision nationales... Pour fortifier l'unité nationale, en éliminant toutes discriminations entre les populations des villes et des campagnes, par l'acceptation de la communauté de langues et de culture et par la reconnaissance du droit au progrès, à l'information, à l'éducation, à la santé, au travail et au loisir pour tous les citoyens...»

Le politique haïtien, ne se rendant jamais compte de ses devoirs à la fois civiques et citoyens, souventes fois, après avoir conquis le pouvoir, allègrement nage dans l'improvisation coutumière sans trop d'égards pour les paramètres déontologiques de la fonction qu'il occupe. Encore moins pour les mandants qui, malheureusement peu imbus de leurs responsabilités, sont toujours à l'affût d'un messie. Et pour cause : l'analphabétisme déshumanisant, la pauvreté infernale...

Une « Armée », oui, elle est nécessaire. Dans une logique rationnelle, lucide, pragmatique, et dans notre réalité de pays pauvre, dirions-nous, quel type d'Armée s'agirait-il ? Est-ce une armée à la remorque de l'étranger, au service de l'oligarchie, de la ploutocratie, celle qui est répressive évoluant en dehors des normes légales et respectueuses de l'autorité constituée civile, des droits humains, celle-là est simplement non nécessaire. Il est donc clairement inscrit dans l'ARTICLE 269 que « La Police est un Corps Armée ». À cette enseigne, il ne suffit que d'établir des structures appropriées en vertu desquelles on augmente largement son effectif, pour qu'elle devienne une entité multi divisionnaire capable d'assumer non seulement un rôle effectif de la « garantie de l'ordre public et la protection de la vie et des biens des citoyens », mais aussi « la sécurité et l'intégrité du territoire de la République ».

Loin de s'enfermer dans un positivisme réactionnaire, boiteux, démobilisant et négateur, les dirigeants doivent saisir la narration de la bonne gouvernance, de la vision d'un bien-être collectif et l'articulation d'une politique de développement durable, allant dans le sens d'une transformation sociale, citoyenne et équilibrée. Le silence, pris dans un contexte positiviste bien inventorié de désengagement, de démobilisation, de « dé conscientisation » est aussi nocif, toxique et empoisonneur que la désinformation. En vérité, ce pays n'est gouverné que pour être ruiné et démantelé !

H F-L

Je te rejoins, Rony !

«...La refondation d'Haïti. La reconquête de sa souveraineté par le retrait progressif des forces militaires étrangères sur son sol dans les meilleurs délais. La reconstitution de son prestige. De son armée. La consolidation de sa police. La réinsertion de son peuple dans le concert des nations braves. Et fières. Souverains avons-nous été, souverains devons-nous redevenir ! » D. V

Allons-nous importer ces Haïtiens, ou, allons-nous nous rappeler de 1791-1803 et enfin glorifier nos ancêtres qui se sont sacrifiés pour nous laisser ce coin de terre ?

C E D
Pour aller plus loin, l'appareil de l'état ne sait même pas que la raison d'être de l'état est de veiller au bien être de la nation.

J P C
Rony a touché du doigt notre problème. Le jour ou nos dirigeants peuvent avoir une vision aussi claire marquera le début de la marche pour une nouvelle Haïti.

B D
Salut Rony ! Tu as exprimé clairement le fond de ma pensée et je t'en remercie !

Charles, à force d'affamer la population et de laver le cerveau à nos officiers quand ils vont en stage chez eux, nos puissants amis font de nous ce qu'ils veulent ! Quand nous sommes devant notre écran, tout paraît évident ! Mais si nous devions composer avec nos compatriotes en qualité de chef d'État, ce ne serait pas du pareil au même.

FB nous permet de nous parler. Je pense que c'est ce qui nous manque durant toutes ces années, la liberté d'expression et surtout la possibilité d'apprendre à mieux nous connaître.

C E D
Si la Communauté Internationale nous permet de choisir librement nos dirigeants sans interférence, il nous serait possible d'exercer notre souveraineté en choisissant des gens à même de restaurer le pouvoir de l'état en tant qu'une émanation de la volonté de la Nation.... mais nos élections sont toujours le produit de tractations entre la classe politique et la communauté internationale qui préfère avoir leur poulain au timon des affaires de l'État pour pouvoir faire passer leurs objectifs dont le but est de maintenir le pays dans un état de pauvreté et que les masses constituent un réservoir inépuisable de main-d'oeuvre à bon marche à la merci du capital international.

B D

Charles, c'est exactement ce qui se passe en Haïti ! Les Haïtiens sont intelligents et malléables. Ce serait dommage pour la Communauté Internationale, de perdre une telle main-d'oeuvre ! N'ayant pas de gouvernement adéquat, nous n'avons personne pour défendre nos intérêts à l'étranger et cela arrange bien tout le monde !

J P C

Si l'on pense toujours en victime, on reste toujours une victime. En acceptant de reconnaitre notre contribution, peut-être que cela nous inciterait à adopter une autre façon d'agir afin d'améliorer le sort du pays. Ceux qui vivent à l'extérieur souvent oublient comment les choses se font chez nous. Des fois en regardant les films et la comédie haïtienne cela rafraichi la mémoire afin de pouvoir replacer nos conversations dans un contexte qui soit plus près de la réalité, plutôt que d'imaginer que nos compatriotes qui vivent en Haïti, en dépit de leur désir pour une amélioration, peuvent imaginer ce changement par les mêmes moyens que nous l'imaginons, car notre expérience est très différente et nous devons en tenir compte lorsque nous pensons aux problèmes d'Haïti.

C E D

Baby, le rôle d'Haïti dans la division internationale du travail est de fournir de la main-d'oeuvre à bon marché. Ceci a été mis en branle sous Jean Claude Duvalier. C'est la raison pour laquelle l'économie introvertie de subsistance a été remplacée par une économie tournée vers l'extérieur. Haïti a sombré dans la pauvreté la plus abjecte à cause de cette politique d'appartenance. Les usines sont fermées. La production agricole est réduite à un minimum pour la distribution locale et les promesses de la sous-traitance sont restées lettre morte. Les dirigeants marionnettes ont mis le pays à genoux et les usines de sous-traitance se font toujours attendre.....

G C

Dans la Tanzanie, Afrique, pays de ma femme, le jeune après son étude classique doit passer deux ans dans l'armée avant d'entrer dans une université. L'armée cubaine devrait être un prototype de la nôtre, et nous n'avons qu'à demander pour être servis....

Pourquoi pensez-vous qu'un pays comme Israël peut se défendre ? Tout simplement, la population est une armée comme celle de 1804. Bien sûr, il y aura des corps spécialisés, mais il reste que l'Haïtien homme et femme doit être des bataillons rangés. Elle doit être une armée qui ne devrait pas être étrangère au maniement de n'importe quelle armée (yon gason tonbe yon fanm pran zam lan pou kontinie batay la) Die VAKURIE.

De plus, la société aurait une éducation plus civique. L'Israélien est toujours prêt à défendre sa terre ; pas une milice qui défend un gouvernement ! Et quand il y a un danger il prend un taxi et se met à couvert chez lui. NOUS devons être même endoctrinés en ce sens...

J L

L'intervention massive des États-Unis a-t-elle une signification simplement humanitaire ou plutôt politique et géostratégique ? Nous parlons de souveraineté, mais en réalité de quelle souveraineté ?

La situation désastreuse en Haïti nous a amené à une mise en tutelle causée par nos divisions internes. Chaque citoyen devrait contribuer à la protection et au développement de sa patrie. Pouvoir servir son pays est un privilège moral pour certains, alors qu'il est d'importance mineure pour d'autres. Les communautés les plus organisées et les plus avancées sont celles où des citoyens de la société civile prennent en charge leurs responsabilités, reconnaissent leurs obligations, leurs droits et leurs devoirs.

L'État généralement s'occupe de la politique des choses alors que les citoyens décident de l'effectivité et de la praticabilité de divers programmes. Mais durant ces 25 dernières années, la division s'est intensifiée au pays à cause de nos intérêts particuliers et individuels. Notre devise nationale « l'UNION FAIT LA FORCE » est une farce et rien qu'une farce permettant à l'étranger de nous ridiculiser davantage. Avons-nous tous posé la pierre angulaire qui devrait faire de nous un bon exemple ? Avons-nous atteint un degré de civilisation sacrifiant nos patrimoines familiaux pour permettre l'expansion de notre pays ?

Nous sommes dépourvus de conscience patriotique. Nous n'avons pas contribué à accroitre la prospérité et la grandeur sociale de notre pays. Il est nécessaire de faire disparaitre cet individualisme qui a éclipsé le feu du commun et a contribué à notre descente.

Les mots fraternité, solidarité et pays devraient être nos priorités, mais nous nous adonnons à des tâches inutiles et superficielles même sur FB au lieu de nous maintenir coude à coude pour combattre l'ennemi.

N'est-il pas trop tard aujourd'hui de parler de souveraineté ? Prévenir n'est-il pas mieux que guérir ?

Après tant de chicaneries durant ces vingt-cinq dernières années, qu'espérons-nous ? N'avons-nous pas encore réalisé que nous avons perdu aujourd'hui cette souveraineté ? La perte de notre souveraineté vient avec la démocratie qui nous a été imposée sans transition. Tout au contraire, cette démocratie nous a conduits vers la médiocratie sachant bien que la majorité de la population ne peut faire un choix honorable à cause du taux d'analphabétisme.

Le pays a été et est dans une impasse qui ne lui a pas permis d'avancer. Et, cette impasse éternisera aussi longtemps que ce style de démocratie à l'occidentale nous est imposé. Haïti ne recouvra pas sa souveraineté si sa politique et ses stratagèmes sont dictés par des voisins et que son budget est financé par eux. Le mieux serait d'élargir nos contacts, diversifier nos partenaires et explorer une nouvelle coopération avec les Asiatiques, car il est évident que notre coopération avec les Occidentaux a échoué.

G C

Jacquie, argumentation ne signifie pas nécessairement division. C'est que l'argumentation a servi de propagandes par l'occupant pour justifier son action. Dans tous pays, il existe des divisions internes. Et il y aura toujours l'opposition. L'ego ne sera jamais erratique. Ce qui est important c'est un consentement, et c'est ce qu'on appelle politique au sens péjoratif ; le vrai restant la police de la société.

Haïti n'a connu que de rares guerres civiles. En 1915, le plan était calculé bien avant. Avions-nous eu une guerre civile dans cette présente occupation ? Les détenteurs du pouvoir d'alors étaient leurs associés.

J L

Je comprends tout ceci. Dans tout pays, il y a opposition. Opposition de parti, lutte entre les classes sociales, opposition politiques. Mais le problème à nous se base sur l'individualisme. Tous les arguments ont un côté positif, mais chez nous la différence c'est que nous nous déchirons les uns les autres. Nous oeuvrons à nos profits personnels, trahissons notre patrie au profit de l'international. Et l'occident est malin. Il a lui-même établi ces divisions, mais nous avons été incapables de discerner leurs jeux. C'était de nous diviser, provoquer une situation chaotique pour mettre la patte sur nous. Donc, c'est ce qu'on appelle l'autodestruction et la soumission à l'étranger au lieu de consolider notre nation. Le jeu a longtemps duré, mais a abouti au résultat voulu : la déstabilisation du pays à tous les niveaux.

B D

Guy, la question n'est pas d'avoir une armée ou pas. Il s'agit de préférence de quel genre d'armée dont nous avons besoin pour fonctionner correctement ? Qui va nous former nos militaires ?

Il y a trop de violence en Haïti, il ne serait pas de bon ton de faire de tous les jeunes des soldats. Dans un pays aussi désorganisé, armer des jeunes serait criminel !

Jackie, l'instruction civique et morale se donne à l'école. En ayant eu des profs étrangers, ils n'ont jamais contribué à nous unir ! « Marchons Unis » a toujours été de vains mots ! Nous parlons de Dessalines comme d'un modèle de sagesse ! C'est pourtant le même qui avait dit : « Après ce que je viens de faire dans le Sud, si les hommes ne se soulèvent pas, c'est qu'ils ne sont pas des hommes » ! On oblige les petits Haïtiens à apprendre des bêtises comme ça à l'école. Du coup, nous voulons les répéter !

Il y a beaucoup à faire pour qu'Haïti fonctionne bien ! La première des choses serait que les Haïtiens soient d'accord entre eux sur la conduite à tenir pour ce faire. Aujourd'hui, nous sommes encore au stade du « C'est mon idée ou la mauvaise » ! Chacun veut avoir raison dans son coin et c'est cela le drame !

B D
C'est cet argument qui a servi de propagandes...

G C
Attenion de ne pas prendre le modèle de l'occupant comme patron ni même sa fausse démocratie...

Baby, j'ai bien défini plus haut le genre d'armée qui servirait de modèle bien que ce serait une utopie dans la situation géopolitique du pays.... mais nous pouvons nous ajuster à quelque chose de prés...

J P C
L'histoire d'Israël n'est pas l'histoire d'Haïti. La mentalité en Haïti en ce moment n'est pas préparée à suivre le modèle israélien. Ce serait comme le « Wild West des USA ». Nous n'avons pas la cohésion nécessaire pour bénéficier d'un tel système.

G C
Aussi, faut-il placer les mots de Dessalines dans son contexte ; les mulâtres, s'accaparant de toutes les terres forgeaient les documents et n'auraient rien laissé au

peuple. C'est une autre argumentation. Judy, je n'ai jamais dit qu'HAÏTI était Israël. Je ne faisais que comparer son système de défense à notre armée de 1804. À mon point de vue, c'est le même, j'ai dit mon point de vue. Il se peut que tu ne sois pas d'accord. Ce qui me va. Chacun a sa façon de voir les choses.

J P C

Guy, ton modelé est une bonne idée en ce qui concerne l'économie, sauf qu'avec l'état d'esprit actuel où les gens sont frustrés et n'ont pas l'esprit d'union comme ils l'avaient en 1804 cela ne ferait que créer plus de problèmes. Peut être qu'un jour lorsque, comme les gens d'Israël, nous deviendrons et resterons unis en faisant de la nation une priorité au lieu de l'individu..........

C E D

Parlant de violence lorsqu'on suit CNN Haïti est le pays le plus violent et l'on aurait l'étendard de la violence politique. Le taux de crime en Haïti ne représente que 10 % de celui de la Jamaïque et la violence politique est pire. Elle divise les quartiers de Kingston les transformant en de véritables forteresses armées. Mais, ils ont leurs chaines d'hôtel là-bas. Ils vous donnent l'impression qu'Haïti a le monopole de la violence politique et de la criminalité. Cela fait partie de la propagande malice des pays occidentaux pour pouvoir justifier leurs interventions dans les affaires du pays....

J P C

Il est très important de reconnaitre les problèmes et qui en serait la cause. Maintenant la question la plus importante : Comment allons-nous y remédier ?

J L

C'est une conspiration internationale pour asphyxier le pays davantage malgré tous ces aléas et déboires que le pays est en train de survivre. C'est une façon pour nous étouffer et nous projeter comme un peuple de bon à rien étant donné que nous sommes trop fiers de notre passé historique quoiqu'il ne nous ait servi à rien.

Surnommé le pays le plus sous-développé de la Caraïbe, l'on nous projette comme un pays monstrueux ayant toutes les plaies inimaginables, mais ils ne cessent de nous envahir et prétendent nous apporter leur soutien en aide économique qui ne sert en réalité à aucune expansion économique : développement du tourisme et bien d'autres choses.

Ce dont nous avons besoin de l'occident est d'apprendre sa technologie et ses connaissances pluri-disciplinaires pour nous aider à développer notre pays. Hélas ! À quoi bon cette coopération avec l'occident !

Nous sommes aussi dépourvus de leaders à la hauteur de nos objectifs. Comme résultat, une classe soi-disant intellectuelle et éclairée a hissé au pouvoir un chanteur de compas sans aucune expérience politique.

Personnellement, je n'ai rien contre la personne de Michel Martelly. L'homme est perfectible. Mais dans la situation où nous sommes, nous faisons de la politique un jeu de cadence et ainsi, Haïti, avec cette classe, ne sortira pas de la situation que nous déplorons tous. Nous sommes trop fanatisés et vivons dans un monde de rêveries.

B D

Charles, je suis contente que tu aies compris cela ! Quand nous aurons tous accepté le fait que nous avons toujours été manipulés depuis des siècles et dès notre plus jeune âge, nous aurons fait un grand pas vers la guérison du mal qui empoisonne le pays !

Jackie, je ne suis pas d'accord à ce que nous fassions une fixette sur le président et son C.V. Ce n'est pas lui qui dirige vraiment le pays. Si à ses côtés il y avait des cerveaux, le pays marcherait très bien !

J'ai quitté Haïti sous le règne de Jean-Claude Duvalier. Je ne sais pas ce que signifie une campagne présidentielle en Haïti. Grâce à FB, j'ai pu voir toutes les vidéos qui parlent de Mr Martelly. Il m'a bluffé. Il a des idées, il a des amis qui le soutiennent. Je pense qu'on devrait le soutenir plutôt que de le critiquer et de lui mettre des bâtons dans les roues.

Je le trouve courageux d'accepter de jouer un tel rôle, il sait très bien que ses connaissances, en la matière, sont limitées. Je suis certaine qu'il ne peut pas être pire que son prédécesseur !

C D

Judy, toute solution viable devra passer par l'entente et le consensus ; ce n'est pas qu'il n'y ait pas de solution à la crise. Je pourrais même vous décrire les contours d'une solution acceptable qui pourrait rallier les fils du pays. Le problème c'est d'abord l'ignorance, ensuite la misère et enfin la division. Si l'on pouvait exorciser ces démons, il serait plus facile de trouver une solution, car ces problèmes sont les principales pierres d'achoppement à la résolution de la problématique haïtienne.

J P C

Le plus gros probleme est la division. Une fois qu'il y aurait une entente on pourrait commencer à travailler sur les autres problèmes. Qui est en train de prendre l'initiative de deprogramer les gens afin de mettre fin à cet esprit de division? Si on à mal et l'on se plaint constamment sans se faire soigner, le mal ne guerira jamais et risque même de s'agraver.

J L

Oh Baby, je suis parfaitement d'accord avec toi. La nouvelle Port-au-Prince est à Washington. Néanmoins, j'ai bien précisé ceci : je n'ai rien contre la personne de MM. Dans la crise où se situe le pays, même pendant que tout est une façade, l'on aurait pu choisir de préférence quelqu'un avec beaucoup plus d'expérience, mais par carence de leaders au pays nous n'avons pas eu le choix d'opter pour lui.

Le nouveau président n'a rien à voir avec la situation du pays. Tout au contraire, il a hérité et porte sur son dos les erreurs de ces prédécesseurs. Cependant, il aurait pu se montrer moins partisan à l'International. Mais, semble-t-il, pour garder son poste, on n'a guere aucun choix, que celui de jouer le jeu ! Il s'est courbé tout au contraire aux desseins de ces étrangers.

S W P
Les fantoches tout comme les marionnettes ne décident jamais de rien, ils sont tout simplement dirigés par le marionnettiste en chef ! Mais JL, tu as bien dit que « la nouvelle Port-au-Prince est à Washington ».... Bon, je n'aurai pas décrit la situation en ces termes

J L
Le jeu a longtemps duré, mais a abouti au résultat voulu : déstabilisation du pays à tous les niveaux. C'est un pays qu'on a essayé de déstabiliser depuis 1804 jusqu'à nos jours. Nous avions résisté parce que l'Haïtien de jadis avait un caractère assez fort. Nos prédécesseurs ont durement lutté pour la survie du pays tout en reconnaissant la force de l'ennemi. Aujourd'hui, nous nous sommes laissés plutôt corrompre par l'aisance de posséder des millions au lieu de travailler nos pensées pour trouver une solution à la cause d'Haïti. L'étranger n'a jamais eu de bonnes idées pour Haïti. Jetons un coup d'oeil sur Costa Rica, nous pourrons établir la différence lorsqu'un pays ami veut réellement aider.

S W P
Il ne faut pas être trop pessimiste. La Résistance et la Lutte continuent aujourd'hui sous d'autres formes. Rien n'est perdu. Et la situation est très complexe et à la limite du chaotique. En fait ce qui manque c'est un travail de structuration et de connexion au niveau organisationnel. Pour nous empêcher de franchir ce pas stratégique une intense et pernicieuse propagande est soutenue et alimentée à tous les niveaux pour nous amener à croire que nous sommes incapables de nous gouverner, de nous entendre ou de nous réunir sur des bases correctes et

que nous sommes tous des lâches ou des corrompus ou des criminels. Face à cela, il y a aussi des remèdes : la contre-propagande illustrée par l'action militante, l'engagement vrai. Pour cela, il faut certainement avoir non seulement la formation politique nécessaire, mais aussi la force de la conviction qui permet aussi de faire les nécessaires sacrifices. Pas de victoire sans organisation, sans Vision, sans conviction et sans sacrifices.

Y F

Bonsoir à tous et merci de l'invitation, Charles. J'ai lu avec une certaine projection triste l'article de Daly Valet. J'ai aussi fait lecture des commentaires précédents et je constate que même si les solutions et références proposées pour le sevrage de cette tutelle internationale sont ici verbalisées, les actions concrètes tout comme le pragmatisme des analyses nous échappent en bonne et due forme.

Je crois que nous sommes tous concernés par cette situation déplorable, mais en même temps, nous sommes en réalité considérées comme les nantis de ce cercle satellite de diaspora qui n'a aucune influence, ni aucun pouvoir de décision.... et à qui l'on ne confère aucun droit de participation.

On a beau en parler, mais le sentiment d'impuissance de l'action nous pose bien des interrogations... Alea jacta est !! Ou encore faut-il que la conscientisation soit forcement précédée et que l'action se fasse au niveau des instances de décision au pays.... ou encore en diaspora ?

J P C

Stephen, cela fait tellement plaisir de voir quelqu'un qui a une vue positive. Plus on se plaint, plus on encourage la misère !

J L

Pas de victoire sans organisation, sans vision, sans conviction et sans sacrifices. Bien dit ! Mais comment s'opérera cette victoire si nous nous adonnons à du superflu. N'est-ce pas le moment idéal de nous organiser, de résister et d'affronter. Bon nombre d'entre nous se vouent à des futilités précisément sur FB qui est un réseau assez élargi ou l'on pourrait se retrouver pour sauver Haïti. Échanger nos idées et travailler sur quelque chose de constructif. Faire comprendre aux gens et à la nouvelle génération qu'on ne pourra pas sauver Haïti de ses crises à répétitions. Trop de tontons macoutes, trop de recherche de pouvoir, trop d'histoires médiévales. Sommes-nous un pays qui se tire la balle aux pieds ? Trop de diversions ! Comment nous réunir et nous organiser ; c'est ca l'essentiel.

S W P
Tu ne trouveras certainement pas ces réponses sur FB, il faut les rechercher et les construire sur le terrain et dans l'action ou éventuellement à distance, mais en articulation avec les luttes de terrain, mais certainement pas virtuellement ! Chaque outil à son utilité et les limites. Ainsi sur FB on peut faire un travail de motivation/ sensibilisation large, diffuser des textes de contre propagande pour nous remonter le moral et diffuser d'utiles informations et encore pas celles qui sont trop sensibles et puis cela s'arrête la et la Résistance et la Lutte continue sur le terrain. Quand je dis « terrain », c'est prioritairement Haïti, mais sans exclure une diaspora organisée. Enfin, la diaspora, la partie vraiment engagée, se sentant toujours concernée / liée, peut développer toute une série d'activités militante pour soutenir, dans le concret, la Lutte qui se mène à l'intérieur. Quand on veut, l'on peut ! Donc on trouvera la créativité, les idées, les moyens, les subterfuges nécessaires et les moyens pour contribuer efficacement à la reconquête de notre Souveraineté. Et si l'on ne veut pas, l'on trouvera mille excuses pour ne pas pouvoir... mais ce groupe-là ne nous intéresse pas, il ne peut que nous retarder. Avançons et luttons avec ceux qui sont prêts à s'engager, les autres on les retrouvera après, peut être, ou bien nous les reverrons en Haïti,

comme touristes, dans notre Belle Haïti Libérée, dans 20 ans !

J L

Vos idées sont vraiment géniales et reflètent une notion de leadership. Comment nous organiser alors ? Trouver des gens de même intellect plutôt dire de pensée commune pour mettre en oeuvre cette organisation, comment penser pour sauver et retirer Haïti de cette impasse de tutelle ! Comment conscientiser les gens par rapport à cette dangereuse situation de tutelle ? Comment nous en sortir ? IL nous faut de vrais leaders capables de convaincre......

S W P

Capables de convaincre oui, mais seulement après avoir beaucoup écouté pour mettre en Confiance et surtout Rassembler. Si nous analysons notre histoire, nous verrons que tous les « leaders » même honnêtes et visionnaires ont tous été éliminés. Il nous faut des organisations crédibles et bien structurées PARTOUT, il faut travailler à ORGANISER tout le pays. Bien sûr qui dit Organisation dit Formation, Réflexion et analyse critique... et puis, nous débouchons sur une Vision commune (pas une vision imposée ou parachutée) que tous peuvent s'approprier et mettre en œuvre à l'aide d'un Projet de Société et d'un Plan Stratégique que nous construirons aussi Ensemble. Voilà la Reconstruction qu'il nous faut, la Reconstruction Vraie, la Reconstruction des citoyens et Citoyennes d'Haïti par eux même. Cette Reconstruction seule est Durable mais sa matérialisation prend du temps et de l'Énergie et Beaucoup... disons au moins 20 ans, pour commencer ! Voilà ce que je pense, mais je dois maintenant laisser le débat. Bonne continuation à tous et à toutes.

Y F

Bien sûr, lorsque les possibilités d'action sur le « terrain » sont limitées, faire véhiculer les idées via le puissant médium qu'est Facebook est déjà une étape de transition vers la structure organisationnelle de tout mouvement de libération. Je crois que toute action victorieuse est fort souvent tributaire de luttes idéologiques, longtemps véhiculées. Le triomphe futur, qu'il nous soit posthume d'ici une vingtaine ou plus d'années, vaudra bien les sacrifices consentis en espérant que les générations à venir en assument la continuité.

Il en existe bien sûr des hommes, il existe de ces enfants du pays qui veulent voir la « refondation d'Haiti ». Ils sont comme nous et bien d'autres, déchirés dans l'âme de voir cette terre natale qu'ils aiment, s'effondrer sous le poids de plus de deux siècles de misère. Mais toute allusion a l'éducation serait-elle la seule imputable a « ce désir de s'aimer ».

Les rennes du destin haitien, la mauvaise gestion des décideurs de patrie ont trop longtemps eu libre cours dans l'arène de criminalité, de malversation, de pillage, de fraude et d'extorsion. Pourtant la conscience s'éveille, la contestation s'extériorise et les plans d'action se dessinent dans la volonté de sauver cette patrie de sa honteuse tutelle. Je nous crois, d'un bon ton optimiste, sur la bonne voie.

B D

Je ne veux pas être défaitiste, nous savons tous que c'est à nos puissants amis que nous devons d'être maintenus dans cet état pauvreté éternelle. La question est : quelle est la bonne conduite à tenir, si nous voulons sauver notre pays tout en ménageant la chèvre et le chou ?

C E D

Baby, quand tu parles de conserver « la chèvre et le chou », veux-tu dire les relations avec les puissances amis ?

G C

De quelles puissances-amies parles-tu, Charles ? Il y a un fait important qui m'a frappé dans notre acte d'indépendance qui devrait être notre charnière de combat puisque c'est la seule qui ait réussi. On ne le lit plus et certains ne sont même pas au courant de son existence. Le désir farouche de nos ancêtres de se séparer de la France parait un acte raciste même utopique, mais lorsqu'on considère leur foi en la non-intervention dans les affaires des autres pays de la Caraïbe, nous pensons qu'ils avaient la tête sur l'épaule en toutes considérations.

Ces mesures n'étaient pas prises à la légère. C'étaient le fruits de longues discussions dans les cérémonies vodous ou autres, concertations, comme nous le faisons maintenant. Il y a eu des divisions de pensées, mais un processus d'entente a été établi même avec les pôles les plus extrêmes. Même les dieux ont été juxtaposés ; Danmb Allah, jusqu'aux enfers, Dessalines et Petion.

C'est là la solution, mais cette fois nous devons pourvoir à une union solide, non factice de certains groupes qui utilisent un autre comme piédestal pour continuer le même système féodal. Les séquelles restent les mêmes, la diaspora qui pense que l'Ouest est le modèle de bien-être et voudrait ménager la chèvre et le chou. Comme quelqu'un l'a dit plus haut et je la félicite de sa claire constatation et déduction, ils n'ont jamais oeuvré dans notre intérêt et certains resteront, qu'on le veuille ou pas, des collaborateurs sous couvert de nationaliste. Surtout, ne pensez pas que la lutte est seulement de notre côté. Après reflexion, Bob Marley eut à dire « *I don't know how we and them gonna make it out* » ...

Question très judicieuse !

B D

Salut Charles ! Tu as bien compris le fond de ma pensée ! Nous devons agir avec diplomatie et nos réunions devraient être secrètes comme celle de la cérémonie du Bois-Caïman ! Si on nous met sous embargo, nous n'aurons rien gagné ! Imagine qu'on décide de ne plus nous livrer du pétrole, que les avions n'atterrissent plus chez nous alors que nous n'avons rien à manger, pas de médicaments, etc. Ce serait catastrophique !

On a fait revenir les anciens présidents, le peuple a pris ses responsabilités, il n'y a pas eu de carnage ni de guerres des clans. Cela signifie que le peuple est prêt à s'asseoir autour d'une table pour décider de son destin !

Si je nous demande d'être diplomates, c'est parce que je suis réaliste. En 1804, Haïti pouvait nourrir ses enfants et les Haïtiens vivaient en Haïti. Aujourd'hui, nous sommes tous loin de notre pays, je nous vois mal « *koupe tèt boule kay* », quand nos frères et nos enfants sont installés chez l'ennemi !

Pour le moment, nous dialoguons ! Du choc des esprits jaillira certainement la lumière ! Je ne détiens pas le secret du Graal, je suis là pour apprendre des uns et desautres. Si à force de parler, nous réussissions à trouver un moyen d'agir concrètement « ensemble » comme un seul homme, ce serait génial, non ? Belle journée à tous !

En effet, nous devons penser et agir en qualité d'Haïtiens. Imagine-toi que presque tous les intervenants sont installés à l'étranger depuis belle lurette. Le modèle d'ordre et de réussite qu'ils ont est celui du pays dans lequel ils vivent et la majorité n'a connu que le régime des Duvalier, comment devons-nous faire pour dégager une politique qui convienne à tous et qui mettrait tout le monde vraiment d'accord ?

G C

Si l'on pouvait être tous d'accord ce serait l'idéal, mais nous savons que c'est une utopie, même Dessalines n'était pas cent pour cent d'accord avec Toussaint qui croyait dans une union possible de la France et a même proposé à Napoleon, dans une lettre, le vouloir d'annexer le pays comme une province de la France. Cela n'a empêché ni Dessalines ni Christophe de servir sous ses ordres. La question est plutôt de savoir comment arriver à un consensus quand nous savons que les grands propriétaires terriens, les églises en particulier et la bourgeoisie tiendront mordicus à la plus forte portion de terres arables accumulées illégalement à travers les siècles. La vraie richesse à part la culture est notre sol. Les terres qui pourvoient à notre subsistance sans avoir à compter sur lesdites charités des soi-disant puissances amies qui convoitent et en fait exploitent notre sous-sol à notre insu...

M A T
A notre insu dis tu ; cela se fait publiquement !

G C
Le vent à nos champs
a semé les mauvaises herbes,
en sourdine avec le temps,
se sont accrues en gerbes...

Il fut un temps, nos ancêtres
les ont brulées, décapitées
mais en force elles sont retournées
sous d'autres figures peut-être...

Nous souffrons de neuropathie
trop divisés à nous disputer
pour comprendre ou nous rappeler
de l'inscription de nos armoiries...

L'UNION FAIT LA FORCE
pour rebâtir et reconstruire
au lieu de saper et détruire
l'arbre de liberté en pelant l'écorce ...

À la mémoire de Guiteau TOUSSAINT.

Oui certains se font publiquement et nous n'avons aucun pouvoir pour les arrêter. De plus combien d'autres deals dans un secret le grand public ignore.

C E D
Je ne pense pas que le peuple soit prêt à faire les sacrifices nécessaires pour que nous puissions retrouver notre souveraineté... on ne peut même pas en parler... ce qu'il nous faut pour l'instant c'est un travail de conscientisation capable de réveiller chez nous les sentiments patriotiques à partir desquels l'on pourra avoir un plan d'action et une stratégie pour la reconquête de notre souveraineté.

J L
Le problème n'est pas un problème individuel, mais bien un problème de Nation qui est en jeu. Il faut bien que chacun de nous mette de côté notre caractère égotique et mettre la main a la patte pour sauver Haïti. Les étrangers interfèrents avec arrogance dans nos affaires profitant du vide créé par le recul devant nos propres responsabilités. La défaillance de nos institutions ainsi que notre proximité avec les E-U encouragent leur arrivée. Bientôt nous serons étrangers dans notre propre pays. L'impératif c'est de commencer une campagne de conscientisation sur le patriotisme. Après, l'on pourra tous s'asseoir et développer des idées et objectifs pour sortir ce pays de cette tutelle.

G C
Je suis entièrement d'accord, mais qui va mettre la cloche au cou du chat ? Tout cela ne se peut sans un sens de sacrifice. Les BMW, LEXUS, resteront des tentations et il sera difficile de s'en défaire. Ces appâts sont les chaines que certains utilisent pour enchainer leurs concitoyens, l'ego. *Depi vant mèt plen, ki te mele deyè l li ak chen lakou* !

De mauvais deals ont été forcés sur nous. Avons-nous des recours pour les renégocier ? Avons-nous des ressources pour protéger nos intérêts nationaux, avons-nous des dispositifs institutionnels pour assurer la pérennité de ces protections ? Trop jeune, l'instruction civique n'est qu'une leçon qui se répète sans un sens vrai de responsabilité. À différents niveaux, le devoir de citoyen devrait être une priorité dans l'éducation de nos jeunes et de nous-mêmes comme l'a mentionné Jackie. Mais attendons-nous à des résistances farouches du secteur nanti de notre société qui nous qualifiera de tous les noms en « ismes » ...

M A T

Je pense qu'il est dans l'intérêt de tous que la société devienne responsable et conscient de ses devoirs de citoyen. Tous ceux qui sont des personnages publics pourraient offrir leurs voix pour des slogans dans les médias. Ce serait une excellente propagande. Nul ne trouverait à redire !

G C

Il fut un temps, des secteurs de la société américaine, éprise du sens de civisme et de responsabilité envers la nation ont essayé de s'unir pour protéger leurs intérêts vitaux. Nous savons trop bien ce que le Macartisme en a fait et ce sont ces acteurs qui jusqu'à présent en bénéficient, mettant un band aid au cancer à chaque crise. Considérant nos problèmes, il faut aussi tenir compte de la réalité internationale : la visée globale d'un pouvoir coercitif pour réaliser un rêve déjà dévoilé dans le Nouvel Ordre Mondial. Pourrons-nous nous y ajuster ? Ce n'est pas sans raison qu'ils sont venus en force pour nous occuper. Ils connaissent trop bien notre capacité de résistance et ont même peur de notre pouvoir pour les vaincre. Tout effort dans nos rangs ne restera pas vain, il ne suffit que de veiller à ce que la flamme de résistance reste allumée.

C E D

Je suis entièrement de votre avis. Il faut commencer quelque part et comme l'a suggéré Jackie, il faut rallumer l'ardeur patriotique, le civisme surtout chez nos jeunes et chez tous les citoyens à coup de slogans patriotiques et le drapeau national devra être au centre de cette démarche. Pour une fois, notre débat aura abouti à quelque chose de concret ; des objectifs à la portée de la main.... On en parlera davantage.... Guy, je vais poster plus tard un article en ce sens, basé sur le « Sun Tsu » (The Art Of War) et les rapports de forces entre les petits pays et les puissances impérialistes.

B D

Salut à tous ! Voilà ce qui s'appelle : « Du choc des esprits jaillit la lumière » ! Il était impératif que les Haïtiens se mettent autour d'une table pour discuter ! Il nous faudra beaucoup de tours de table, mais avec de la patience et de la persévérance, nous finirons par nous mettre d'accord pour avancer dans la même direction !

Comme nous avons pu le constater, dans un premier temps, nous pourrons utiliser de petits moyens qui sont à la portée de tout un chacun avant, de sortir la grosse artillerie que nous garderons en réserve, jusqu'à ce que tout le monde décide de participer au projet.

Pour le moment c'est un rêve que j'espère et qui deviendra une réalité. Qu'il sortira de nos groupes de dialogues, le leadership charismatique qui attirera tous nos compatriotes dans son sillage, afin de donner, un vrai visage à notre pays ! Encore une fois, merci de m'avoir invitée et je vous souhaite tous une belle journée !

G D

Nous devons nous mobiliser et ne plus avoir peur de nous avancer, quelle que soit la gravité de la situation. Nous pourrons ensemble accomplir bien des miracles. Je crois en notre capacité. Si nous parvenons à faire preuve de sagesse, les résultats seront positifs ! Nous avons besoin d'une énergie spirituelle pour incarner le changement que nous voulons voir dans notre pays et en nous-mêmes. Nous devons faire une volte-face et partager nos idées. Comme l'a dit Ghandhi, « vous devez être le changement que vous voulez voir dans le monde ». Prenons en main nos responsabilités en tant que peuple Noir. Valorisons notre culture et acceptons-la à tous les niveaux.

Asseyons-nous autour de cette grande table de paix et d'amour. Étudions avec patience, compassion et amour les vrais problèmes ! Mettons-nous les mains ensemble. Que Dieu, les Esprits visibles et invisibles nous gardent tous dans le droit chemin !

M A T
Respect et tolérance !

B D
Salut Gregoire ! Je te remercie de ton intervention ! Avec ton dynamisme dans le groupe, je sens que nous irons de l'avant ! Tout cela pour dire que je suis très contente de dialoguer avec toi ! Cela fait tellement longtemps que je n'ai pas eu de tes nouvelles !

H F-L
Un vrai message de fraternité, Gregoire !

Y F
Bien mieux que tout, l'amour et la fraternité en plus du respect et de la tolérance. Nous sommes en phase de réflexion profonde et bien sure, la panoplie d'idées est admirable dans son dynamisme. Comme dans tout processus évolutif, les interventions seraient mieux d'être échelonnées au concret des meilleures stratégies de gestion de crises.

Un fraternel bonjour à tous !!

C E D
Maintenant que nous sommes tombés d'accord sur la nécessité de lancer un programme de conscientisation patriotique et civique, j'aimerais bien savoir ce que pensent les autres membres de l'audience.

M A T
Nous sommes tous d'accord, je crois.

H F-L
En effet, MAT !

G D
Merci Baby, nous avons tout ce qu'il nous faut pour bien déraper, l'effort fait les forts !
Bonjour à toi Yanick !

M A T
Lumière et bisous d'amitié pour vous tous !

B D
Charles, je pense que nous sommes tous prêts ! Il nous faut un bon guide pour ouvrir la voie et nous le suivrons ! Haïti est notre pays, si nous ne nous investissons pas sérieusement, il ne se passera jamais rien !

J P C
Gregoire a parlé d'or. Comme Charles a indiqué, nous devons avoir une idée à propos de la position des autres qui sont dans les coulisses.

B D
« C'est toujours le premier pas qui coûte » !

C E D
C'est un sujet capable de rallier beaucoup de gens, qui requière un minimum d'engagement et dont l'impact sera d'une grande porte. Il nous faudra un plan d'action et une stratégie. Il nous faut au moins 6 volontaires pour travailler d'abord sur une résolution qui définira les contours de notre démarche et ensuite sur le projet, les objectifs et stratégies. Les autres membres du groupe apporteront leurs idées sur la façon de procéder. Notre action sera multidimensionnelle en Haïti et en diaspora ; sur le web et dans toutes formes de médiums capables d'atteindre le plus de gens possible, surtout les écoles. À ne pas oublier le caractère apolitique de notre démarche, quoiqu'il soit éminemment politique, mais l'on doit surtout

éviter la politique partisane. Si l'on arrive à rallumer le sentiment patriotique chez nos concitoyens, Haïti aura une bonne chance de se renouveler et de retrouver sa place dans l'histoire des peuples qui ont façonné ce monde.

B D
En effet !

N T W
Quand j'avais affiché sur mon profil notre fameux « lambi » signe d'un appel à l'unisson, certaines personnes mal informées, mal intentionnées ont très mal jugé mon intention. J'ai eu à recevoir des courriers très négatifs de la part de parents et amis (es) chrétiens qui n'ont pas compris ma démarche... Aujourd'hui, je ne regrette pas d'avoir pris le chemin de la vérité. J'avais un message à passer, car je présentais quelque chose que je ne pouvais pas bien définir. Est-ce bien la perte de mon identité ? La fin d'un beau rêve ou le début d'un cauchemar ? Le besoin de communiquer m'a poussé à faire de plus en plus étalage sur la nécessité à résoudre l'énigme concernant Haïti. Et depuis je me sens libérée parce que mon coeur a parlé. Quitte à perdre l'amitié de FB de ceux et celles qui ont toujours eu peur de leur propre ombre. La peur de ne pas déplaire ne nous a pas du tout aidés à sortir de notre mutisme, de notre léthargie, de notre zombification.... Nous serons libres quand nous aurons accepté de changer les conditions imposées... Nous serons libres quand nous aurons assumé notre haïtiannité et les conséquences... il nous faut essayer de remettre les pendules à l'heure et gommer certaines erreurs du passé pour pouvoir avancer... Il faudra en même temps reconsidérer les vraies valeurs qui nous ont emmenés à notre indépendance. Réapprendre notre histoire et réinjecter dans nos veines le sang de nos ancêtres et nous engager à sauver notre dignité. Pour cela, il faudra faire triompher l'amour et le respect dans un combat stratégique et pacifique.

EN GUISE DE CONCLUSION

Extrait du livre de Bito David intitulé
« Peines d'une Tragédie »

JE TE REBÂTIRAI

Je te rebâtirai
Je te reconstruirai
Je te ferai re-embellir
Et tes fleurs encore fleurir

Tes frêles fondations je renforcerai
Contre tes adversaires je te protégerai
Qu'elles soient les forces de la nature
Ou tes fils qui t'ont mise dans cette laide posture

Je te rebâtirai
Je te reconstruirai
Ton peuple aura un nouvel espoir
À ton chevet ta guérison sera mon devoir

Dans le temps tu as été si belle
Que fais-tu aujourd'hui dans la poubelle
De l'histoire contemporaine
Où tu as subi cette longue haine

Je te rebâtirai
Je te reconstruirai
Vers tes rivages encore viendront des touristes
Pour admirer les œuvres des plus grands artistes

Quand demain tu seras sur tes pieds
Contre toi aucun ne pourra prendre le contre-pied
Petit pays au relief magnifique
Charme encore par ta beauté magique

Bito David

Merci à tous !

Un remerciement spécial à Yanick François, Raymonde Jean-Baptiste, Paul Jérémie, et Guylaine Danache pour leurs supports.

... et à tous ceux qui ont participé dans ces dialogues et conversations. Et finalement, à ceux qui pour des raisons non mentionnées ou pour d'autres raisons, leurs noms ont été omis.
Je vous remercie d'avoir exprimé vos opinions avec nous, ceci pour une meilleure compréhension de nos frères et soeurs haïtiens.
Merci !

Dialogues & Conversations de Facebook, Tome 2

ISBN-13: 978-1466397682
ISBN-10: 1466397683

kiskeyapublishingco@gmail.com

www.ingramcontent.com/pod-product-compliance
Lightning Source LLC
Chambersburg PA
CBHW071414050326
40689CB00010B/1862

9781466397682